Frank Stäbler

Unaufhaltsam

Frank Stäbler

Unaufhaltsam

Deine Formel für Erfolg,
Zufriedenheit und Balance

In Zusammenarbeit mit Simon Biallowons

FREIBURG · BASEL · WIEN

© Verlag Herder GmbH, Freiburg im Breisgau 2023
Alle Rechte vorbehalten
www.herder.de

Satz: Carsten Klein, Torgau
Herstellung: GGP Media GmbH, Pößneck

Printed in Germany

ISBN Print 978-3-451-03426-8
ISBN E-Book (EPUB) 978-3-451-83116-4

Inhalt

Einleitung 7

Von null auf eins – Wie du deine Traumziele findest 13
   Ich wollte keine Null mehr sein – Wie es zu meiner
   allerersten Zielplanung kam 14
   Das erste Mal unaufhaltsam 16
   Wie Ziele für Balance und Zufriedenheit sorgen 19

**»Nur« ist keine Option – Wie wir unser inneres
Energiekonto füllen** 29
   »Mal eben so« ist kein Leistungsprinzip 30
   Energiesparen mal anders 42
   Das Leben ist kein Fertighaus 47

**Fun and Work – Die drei Phasen einer perfekten
Vorbereitung** 51
   Basics. It's all about basics! 52
   Weltmeister werden im Winter gemacht 57

Secret Power – Was das Umfeld wirklich ausmacht 61
   Vom Umfeld zum Mitfeld 64
   Schlechte Schlagzeilen – besser als gar keine? 69

Kleine Siege machen groß 77
   Spaßbremsen werden keine Champions 80
   Minimessages mit Megawirkung 82

Unter Druck entstehen Diamanten – oder? 85
   Das »Ich will« ist immer stärker als das »Ich muss« 89

**Was dir guttut – Die Balance von locker und
fokussiert** 97
   Was brauche ich: Die Suche nach der inneren
   Erfolgsmischung 102
   Warum der Schritt zurück der Schritt nach vorne ist 108
   Locker bleiben – aber wie locker? 114

Meine Lieblingsmonster 117
   Die Monster verwandeln 118
   Du kannst der Angst nicht davonlaufen 122

No risk, no sun 125
   Lass dir deine Siege nicht nehmen 126
   Nimm die positiven Impulse in dich auf 129

Welcome to my party 131
   Victory-Zeichen: Die große Macht der kleinen Signale .. 132
   Sei der Beste – oder tue wenigstens so 137

Alles im Leben passiert für mich 145
   Wer will denn bitte bei Olympia eine
   Hoffnungsrunde? 147
   Echte Champions sind Meister der Improvisation 150

**Entdecke das Geheimnis: So werden wir
unaufhaltsam** 153
   Ein echter Champion ist flexibel, wahre Gewinnerinnen
   können loslassen 154
   »Dann klau mir nicht meinen Traum« 158
   Die Big Points des Lebens 169

Abflug 175

**Und was kommt danach? Der Weg zum inneren
Millionär** 179
   Schlüssel zu neuen Türen: Dankbarkeit und Vertrauen .. 184

Einleitung

Brauche ich Talent, um Großes zu erreichen? Muss ich der Überathlet oder das Über-Brain sein, um Erfolg zu haben – in meinem Beruf, in meinem Hobby, in meiner Beziehung? Klar, es schadet nicht gerade, wie LeBron James ein »Freak of nature« zu sein, einen IQ von über 140 zu haben oder von Geburt auf ein kleines Firmenimperium als Starthilfe zurückgreifen zu können. Das hilft sicher, aber es garantiert noch lange nichts. Ich habe in meinem Leben – früher als Sportler und jetzt als Coach und Geschäftsmann – so viele gesehen, die Talent bis Oberkante Unterlippe hatten und trotzdem nicht das erreicht haben, was sie eigentlich wollten oder hätten erreichen können. Andersherum habe ich einige kennengelernt und tue es immer wieder, die keine Ausnahmetalente waren und trotzdem zu Ausnahmekönnern wurden. Und damit meine ich nicht, dass nur ein Weltmeistertitel oder der Nobelpreis zählen oder viele Geschäftsmillionen. Wenn ich von Ausnahmekönnern rede, dann meine ich damit Menschen, die in ihrem Leben das erreichen, was sie sich erträumen, und vielleicht sogar mehr. Menschen, die echte Spuren hinterlassen und andere beeindrucken und prägen. Ich selbst habe mein ganzes Sportlerleben lang versucht, Spuren zu hinterlassen, und ich glaube, mir ist das tatsächlich gelungen. Ohne dass ich ein Freak of nature war oder mit dem goldenen Löffel im Mund geboren wurde.

Einleitung

Ich stamme aus einfachen Verhältnissen und bin in einem kleinen Kaff in der Nähe von Stuttgart großgeworden. Ich hatte liebevolle Eltern, einen Bauernhof als Zuhause mit jeder Menge Arbeit. Und zwar mit solcher Arbeit, die man als Kind oder Jugendlicher nur bedingt sexy findet. Ich habe mir einen Sport ausgesucht, der in der breiten Öffentlichkeit als noch weniger sexy angesehen ist, weit weg von Glanz und Glamour der Fußballgötter und Tennisstars. Und ich habe mich dazu entschieden, in diesem Sport einen ganz eigenen Weg zu gehen und nicht auf die üblichen Mechanismen zu setzen. Ich habe mir meinen eigenen Weg gesucht, der nicht mit allen möglichen Geländern abgesichert, aber dafür auch nicht so eingegrenzt und ausgetreten war. Auf diesem Weg habe ich die Erfahrung gemacht: Ich muss kein Überathlet und kein Über-Brain sein, um erfolgreich und zufrieden zu sein. Es geht anders. Aber was ich auf jeden Fall sein muss, das ist die beste Version von mir selbst. Das klingt anstrengend und ambitioniert, und ganz ehrlich: Das ist es oft auch. Doch genauso ehrlich: Man kann es. Jeder und jede kann die beste Version von sich selbst sein. Und das Schönste und Beeindruckendste daran: Oft wissen wir gar nicht, wie gut diese beste Version von uns selbst sein wird.

In diesem Buch will ich zeigen, wie jeder und jede diese beste Version von sich selbst werden kann. Und ich will zeigen, wie ich das geschafft habe. Ich bin dreimal Weltmeister im Ringen geworden, noch dazu in unterschiedlichen Gewichtsklassen. Das hat vor mir noch niemand hinbekommen. Ich habe bei meinem letzten Turnier in

Olympischen Spielen eine Medaille geholt und mir mit meinem letzten offiziellen Kampf meinen größten Traum erfüllt. Das sind die Höhepunkte, die jeder, der will, in YouTube-Videos oder in den Jahresrückschauen im Fernsehen anschauen kann, Höhepunkte, die Teil der deutschen Sportgeschichte geworden sind. Wenn ich sie mir ansehe, dann kriege ich heute noch eine Gänsehaut, jedes Mal wieder. Aber ich habe auch das geschafft, was nur wenige sehen und sehen können. Damit meine ich das Hocharbeiten ohne erste Toperfolge. Das Dranbleiben nach schmerzhaften Verletzungen und noch schmerzhafteren Enttäuschungen. Ich meine damit die vielen Zweifel und das immer wiederkehrende Zaudern, das selbst mit einem Weltmeistertitel nicht einfach verschwindet. Das Abnehmen und ständige Verzichten, was irgendwann nur noch weh tut, am meisten im Kopf, ohne das es aber nicht geht. All das sehen die Wenigsten, und so ist das sehr oft bei Erfolgen.

Umso wichtiger ist es, dass wir selbst das sehen. Dass wir begreifen, was wir tun müssen, aber auch, was wir schon getan haben. Oft heißt es, wir sollten nie zurückschauen auf den Start, sondern immer stur nach vorne auf das Ziel. Bullshit! Der Blick nach hinten ist genauso wichtig wie der nach vorne. Es kommt auf die Situation an. Und zu solchen Situationen, die jeder in seinem Leben, egal wo, erleben wird, will ich euch mitnehmen. Ich will euch mitnehmen auf eine lange Reise voller Höhen und Tiefen, voller Erfolge und Abstürze, voller Freude und Schmerz, voller Träume und Albträume, voller Siege und Niederlagen. Auf eine Reise, die mich aus einem umgebauten Stall über miefige

Turnhallen bis in die größten Arenen meines Sports und schließlich bis zu dem gebracht hat, was noch niemand vor mir erreicht hatte.

Vor allem aber: auf eine Reise, die mich immer weiter auf dem Weg zu mir selbst gebracht hat. Und die noch lange nicht zu Ende ist.

Meine Reise findet in diesem Buch in verschiedenen Etappen statt. Sie sind eng verbunden mit den Abschnitten und Einschnitten, die mich zu einem der erfolgreichsten Sportler Deutschlands und zu einem der erfolgreichsten Ringer aller Zeiten gemacht haben. Doch die Etappen beziehen sich längst nicht nur aufs Ringen. Seit meinem Karriereende habe ich viele Vorträge über Motivation und Erfolg gehalten, ich coache junge Menschen ebenso wie Frauen und Männer, die es im Job bereits weit gebracht haben. Die Etappen, die ich wieder und wieder zurückgelegt habe, erkenne ich auch bei ihnen. Das, was ich im Ringen erfahren und erlernt habe, lässt sich überall anwenden, ob in der Beziehung, im Hobby oder eben im Beruf. Vielleicht denkt ihr jetzt: Klar, am Anfang so eines Buches muss er so etwas sagen, was denn auch sonst? Und tatsächlich begegnet mir genau diese Skepsis auch immer wieder bei meinen Auftritten oder Coachings. Das Schöne: Genau das ist auch eine Etappe und gehört zu dem Weg zur besten Version von dir selbst dazu. Deshalb nehme ich jeden und jede mit, von der Zielsetzung und Vorbereitung über die letzten Minuten vor dem Showdown bis hin zum Erfolg – oder zur Niederlage. Denn auch darüber spreche ich: Was ist, wenn alles nicht gereicht hat? Wie geht's dann weiter? Und vor allem: womit und wohin? Aber auch: Was mache ich, wenn ich mein Ziel erreicht habe? Wenn die goldene Medaille am Hals hängt und ich den neuen Vertrag im Aktenkoffer oder den ersten eigenen Hausschlüssel in der Hand habe? Dann stellen sich erst recht die Fragen: Was kommt jetzt? Und wie? Und sogar noch mehr: Warum?

All dem gehe ich nach und erzähle von Erfahrungen und Techniken, die mir helfen, diese Fragen zu beantworten und diese Herausforderungen zu meistern. Auf dem Weg zur besten Version von mir selbst.

Von null auf eins – Wie du deine Traumziele findest

Mein Silvester 2022 war irgendwie komisch. Es hat sich ganz anders angefühlt als so viele Silvester und Neujahrstage in den Jahren zuvor. Nein, nicht was ihr jetzt vielleicht denkt, ich hatte keinen Megakater oder Hangover oder sonst irgendetwas. Ich hatte nur keine Ziele. Keine Ziele? Ja, richtig gehört.

2022 war für mich ein besonderes Jahr. Es war das Jahr, in dem ich meine Karriere offiziell beendet habe, mit dem Last Fight, dem größten Ringerevent aller Zeiten auf deutschem Boden. Es war damit auch das Jahr, in dem ich mit einer Tradition brach, die ich seit fast zwei Jahrzehnten zelebriert hatte und ohne die für mich ein Jahresanfang überhaupt nicht denkbar gewesen wäre. Begonnen hatte ich mit dieser Tradition, als ich noch ziemlich weit weg war von den Olympischen Spielen oder dem Weltmeistertitel. Im Alter von vierzehn Jahren.

Die Hauptmessage dieses Buches und meiner Vorträge lautet: Du musst kein Ausnahmetalent sein, um Ausnahmekönner zu werden. Du musst kein Freak of nature sein, wie zum Beispiel LeBron James im Basketball oder Christiano Ronaldo im Fußball, um Erfolg zu haben. Und nicht jeder Weltmeister ist auch schon in seiner Jugend überragend. Bei mir jedenfalls war das so. Ich war in der C- und der

B-Jugend insgesamt viermal bei Deutschen Meisterschaften gewesen. Na ja, und was soll ich sagen: Ich war viermal Vierter geworden. Viermal Blech. Also nichts, für mich zumindest. Denn natürlich ist der vierte Platz bei einer Deutschen Meisterschaft ein Erfolg, und dorthin zu kommen, ist gar nicht so easy. Für mich war das aber jedes Mal ein Scheitern. Die Gleichung in meinem Kopf war einfach und endete immer mit einer Null: Vierter = Blech = nicht auf dem Treppchen = null. Und die Null und ich, wir waren identisch. Zumindest fühlte ich das so.

Ich wollte keine Null mehr sein – Wie es zu meiner allerersten Zielplanung kam

Mit vierzehn wollte ich keine Null mehr sein. Ich wollte eine Eins sein, Erster auf der Deutschen Meisterschaft und damit Deutscher Meister. Einmal im Leben, nicht mehr. Darauf arbeitete ich also im Jahr 2005 hin. Nur wehrte sich anscheinend mein Körper dagegen, immer wieder plagten mich Infekte. Der Geist war willig, aber das Fleisch war schwach. Und irgendwann war auch klar, wo die Herde der Infekte zu lokalisieren waren: meine Mandeln streikten. Also mussten sie raus, es half nichts. Da spielte es auch keine Rolle mehr, dass es nur noch knapp fünf Wochen bis zur Deutschen Meisterschaft waren. Ich wusste, dass das meinen Plan komplett torpedierte. Einen Monat vor dem Jahreshighlight und der nächsten Chance, meinen großen Traum zu verwirklichen, und ich musste operiert werden.

Die OP war das eine. Schlimmer noch war, dass ich mich danach schonen musste. Kein Joggen, kein Krafttraining, keine Technikeinheiten und schon gar keine Trainingskämpfe. Mist, ich war völlig down.

Aber wie gesagt: Es half alles nichts. Der Termin für die OP rückte immer näher, dann kam der Tag, an dem ich ins Krankenhaus fuhr, und schließlich der Moment, als die OP losging. Und als alles vorbei war, war alles vorbei. Dachte ich. Zumindest für einige Zeit. Dann aber, als ich in meinem Bett lag und wartete und haderte und haderte und wartete, reifte etwas in mir. Erst ganz schwach und dann immer stärker. Es war, als würde an einer Tür geklopft, zunächst ganz leise, dann lauter und dann mit so viel Kraft, als wollte irgendjemand die Tür einschlagen. Aber nicht die Tür meines Krankenhauszimmers, sondern die Tür in meinem Kopf. Und dieser Irgendjemand war ich selbst. Mit voller Wucht traf mich nämlich mein Entschluss: Ich lasse mir das nicht nehmen. Mein Traum ist es, einmal Deutscher Meister zu werden. Und das ist nicht nur mein Traum, es ist mein Ziel. Ich sagte mir wieder und wieder, dass dies vielleicht die einzige Chance in meinem Leben sei, keine Null zu bleiben. Vielleicht würde ich durch weitere Verletzungen nie wieder eine nächste Chance bekommen. Ich musste alles reinschmeißen. Nur noch einmal, dann ist es für immer geschafft. Ich wusste damals nicht, dass genau dieses Mindset der Türöffner zur Erfolgsleiter in den Himmel war – irgendwie war das in mir drin. Heute kann ich es viel methodischer angehen, was ich damals rein intuitiv gemacht hatte.

Ein kurzer Zwischengedanke: Der Zusammenhang von Traum und Ziel ist sehr wichtig, aber beide unterscheiden sich deutlich. Der Traum, Lottomillionär zu werden, ist etwas anderes als das Ziel, Lottomillionär zu werden. Habe ich den Gewinn der Lottomillion in der eigenen Hand? Wohl nur begrenzt, deshalb wird die Million vermutlich weniger als Ziel gelten, sondern nur als ein Traum. Träume aber, bei denen ich es in der eigenen Hand habe, sie wirklich werden zu lassen, die können auch »echte« Ziele sein. Traumziele sozusagen. Bei mir stand am Anfang der Traum, einmal Deutscher Meister zu sein und den Bundesadler auf der Brust zu tragen. Im Krankenhaus nach der OP machte ich den ersten Schritt, dass aus diesem Traum mein Ziel wurde, mein Traumziel. Denn noch im Bett, mit schmerzendem Hals und nicht viel mehr als meinem Trotz, entwickelte ich meine allererste Zielplanung. Es sollte der Beginn meiner Zielreise werden.

Das erste Mal unaufhaltsam

Meine allererste Zielplanung war relativ simpel und drehte sich um genau zwei Zahlen: 56 und 50. Ich wog 56 Kilogramm und sollte bis 50 Kilogramm starten. Das bedeutete, dass ich sechs Kilo abnehmen musste. Abkochen, so nennen wir das, was irgendwie lustig ist. Denn mit Kochen hat das eigentlich kaum etwas zu tun, noch weniger mit Essen. Dazu mehr im eigenen Kapitel. Ich hatte also auf jeden Fall diese sechs Kilo zu viel. Sechs Kilo zu verlieren, das ist für einen Schwergewichtler, der vielleicht 126 Kilo auf die Waage bringt, nicht so dramatisch. Hast du aber nur 56 Kilo wie ich damals, dann ist das eine ganze Menge. Und vor allem: sechs Kilo in nur dreißig Tagen. Das war massiv, eigentlich unmöglich. Ich machte trotzdem meine Planung und schrieb auf einen Zettel alles ganz genau auf. Bis wann ich wie viel verloren haben musste, um am Ende zu gewinnen. Der Zettel war meine Roadmap zum Erfolg und jede Gewichtsangabe eine Etappe. Und die erste Etappe nahm ich sofort in Angriff. 55,5 Kilo, am nächsten Tag. Es klappte. Ich war megahappy, meine Mutter nicht: »Du bist verrückt. Du liegst hier im Krankenhaus und fängst mit Abkochen an. Völlig verrückt.«

Am nächsten Tag wurde ich aus dem Krankenhaus entlassen und durfte nach Hause. Ich erzählte meinem Coach von meinem Plan. Er hörte sich alles an und meinte: »Das geht nicht. Das Risiko ist zu hoch.« Er wusste, was die Ärzte mir im Krankenhaus gesagt hatten: »Frank, du darfst zwei, drei Wochen keinen Sport machen. Wenn die Belastung zu hoch ist und dein Puls auf 180 steigt, dann bricht die Wunde wieder auf. Das geht nicht, sorry.« Meine Eltern hatten es verboten und nun auch Coach Andi. Ich musste also tricksen. Ich erzählte dem Coach, meine Eltern würden dahinterstehen. Meinen Eltern wiederum gaukelte ich vor, der Coach würde es befürworten. Zwei Wochen lang ging die Taktik auf. Und als beide Seiten den Trick durchschaut hatten, da war es schon zu spät.

Durch meinen Trick konnte ich trainieren, aber natürlich musste ich anders rangehen, im wahrsten Sinne des

Wortes: Anstatt direkt in der Trainingshalle Gas zu geben, ging ich spazieren. Nach einer Woche durfte ich walken, dann leicht joggen, schließlich begann ich nach ungefähr zwei Wochen mit einem ersten sanften Mattentraining. Blieben noch etwas weniger als drei Wochen, um einerseits in Form zu kommen und andererseits das Gewicht zu verlieren. Ich mache es kurz: Nach diesen drei Wochen hatte ich 50 Kilogramm.

Ich war ein kleines Skelett, aber mit einem großen Traum, einem großen Traumziel. Dieses Ziel und den Weg dorthin hatte ich die ganze Zeit nicht nur im Kopf und im Herz, sondern auf meinem Nachtkästchen liegen gehabt. Auf einem Zettel, hingekritzelt in einem Krankenhausbett, noch völlig fertig von OP und Narkose. Und schließlich stand ich nicht nur mit 50 Kilogramm auf der Waage, sondern am Ende auch auf dem Treppchen. Ganz oben, als Erster. Aus der Null war eine Eins geworden, ich war Deutscher Meister, und mein Traum war wahr. Ein Traum-Traum, weil ich im Finale mit 12:0 gegen den Gegner gewonnen hatte, der mich im Jahr zuvor im Kampf um Bronze mit 15:0 vernichtet hatte. Mein Zieltraum hatte mich unaufhaltsam gemacht.

Auf diesen ersten nationalen Titel sollten noch viele weitere, auch internationale folgen. Auf dem Papier ist deshalb dieser erste Titel sicherlich nicht der wichtigste. Für meine Persönlichkeit und meine Entwicklung als Sportler und als Mensch war er allerdings einer der entscheidenden. Es war wie eine Explosion, weil ich danach wusste: Ich kann alles schaffen, was ich mir als Ziel vornehme. Sogar Träume können Ziele sein und wahr werden. Ich habe danach jedes Jahr in der Woche vor Silvester meine Ziele notiert. Persönliche Ziele, sportliche, berufliche. Am Anfang waren es ehrlicherweise vor allem sportliche. Später aber habe ich immer mehr Wert auf die persönliche und berufliche Entwicklung gelegt. Ich wusste: Alles geht, wenn du einen Traum hast, wenn du einen Plan hast und deine Vorbereitung, dein gesamtes Denken und Handeln danach auslegst.

Wie Ziele für Balance und Zufriedenheit sorgen

Ziele zu formulieren, einen Plan zu entwerfen, dann die Vorbereitung starten: Das klingt so banal. Doch gerade im beruflichen Umfeld merke ich immer wieder, dass das überhaupt nicht banal ist. Mal ehrlich: Wie viele Leute kennst du, die sich wirklich trauen, ihre Ziele klar zu formulieren? Denn darum geht es: den Mut zu haben, seine Ziele zu kommunizieren. Sich selbst gegenüber und dann den anderen. Wenn wir das tun, machen wir uns angreifbar. Wir lassen uns messen, andere können beurteilen, ob wir unsere Ziele erreicht haben oder nicht. Das kann schiefgehen, und viele Menschen haben genau davor Angst, egal ob sie sich selbst messen oder von anderen gemessen werden.

Doch es hilft nichts. Ihr kennt bestimmt diesen schönen Satz, dass jede Reise mit dem ersten Schritt beginnt. So ist das auch mit der Reise zum Erfolg. Viele sagen, dass dieser erste Schritt der erste Lauf oder die erste Vorlesung oder vielleicht der erste Kundentermin ist. Das ist Quatsch.

Der erste Schritt ist, sich hinzusetzen und sein Ziel zu formulieren. Und das Allererste und mit das Wichtigste dabei ist das Warum. Genauer: dein Warum. Es geht nicht um das Warum der Freunde, der Eltern, des Partners, der Coaches, der Sponsoren, der Fans oder des Chefs. Es geht um dein Warum. Drastisch formuliert, musst du auf solche Fragen antworten können wie: »Warum mache ich den ganzen Scheiß?«, »Warum soll ich mein Leben da riskieren?«, »Warum opfere ich meine Gesundheit?«, »Warum soll ich es machen?«. Wenn wir keine Antworten darauf haben, können wir es trotzdem versuchen. Vielleicht werden wir auch erfolgreich sein. Doch spätestens dann, wenn der Weg ein wenig holprig wird, wird die Frage nach dem Warum wieder auftauchen. Ich habe das so oft erlebt: wenn nur noch wenige Sekunden zu kämpfen sind, wenn dir alles weh tut, wenn der andere unbezwingbar erscheint, wenn du auch mit einem zweiten Platz oder der knappen Niederlage leben könntest, wenn dein Kopf erst »Komm, das ist schon okay« säuselt und dann die einzig entscheidende Frage stellt: »Warum tust du dir das eigentlich an?«. Wenn du dann keine Antwort hast, wirst du aufgeben. Der Körper folgt immer dem Geist! Und die Antwort auf all die Fragen finden wir nicht einfach in diesem Moment. Wir müssen sie vorher finden, oder wir finden sie gar nicht.

Das Warum kann sich ändern, und es wird sich im Laufe eines Lebens immer wieder verändern. Ich glaube auch nicht, dass jedes Warum gleich stark ist. Gelernt habe ich das zum Beispiel von meinem Coach, als ich siebzehn oder achtzehn Jahre alt war. Da habe ich meine ersten gro-

Wie Ziele für Balance und Zufriedenheit sorgen

ßen Angebote aus der Bundesliga bekommen. Bis dahin hatte ich hier in meinem Heimatverein für null Euro gekämpft, nur aus Liebe zum Sport und zur Kameradschaft und zur Heimat. Plötzlich war richtig Kohle drin. Denn auf einmal waren Vereine aus ganz anderen Regionen Deutschlands hinter mir her. Junge deutsche Talente waren und sind begehrt. Es gibt in der Ringerbundesliga inzwischen ein Punktesystem, das dafür sorgen soll, dass deutsche Talente Einsätze in der Bundesliga bekommen, um wichtige Wettkampferfahrungen zu sammeln. Weil Talente für die Spitzenklasse hierzulande aber nicht auf den Bäumen wachsen, hält jeder nach ihnen Ausschau. Und das heißt, dass sie ein bisschen was verdienen können, wenngleich das natürlich in überhaupt keiner Relation zu anderen Sportarten wie Basketball, Handball und schon gar nicht zum Fußball steht.

Jedenfalls bekam ich solche Angebote, es ging um Summen um die 20 000 Euro, und ich war heiß darauf. Endlich einmal etwas verdienen mit all der Schufterei und Quälerei. Und was sagte mein Coach? »Nix, du bleibst hier. Du brauchst dein Umfeld, und du brauchst deine Heimat. Wir haben Größeres vor.«

Darauf ich: »Ha, Geld ist aber so verlockend.«

Und er: »Nein, du bist noch nicht so weit. In ein, zwei, vielleicht drei Jahren.«

Ich hörte auf ihn. Drei Jahre später kamen wieder Angebote, und die fielen noch besser aus. Er aber riet mir wieder ab. Noch zwei Jahre sollte ich machen. Und wieder betonte er: »Wir haben Größeres vor.«

Ich, diesmal schon etwas genervter: »Ich habe drei Jahre auf sehr viel Geld verzichtet.«

Und er: »Wenn du einmal anfängst, nur fürs Geld zu kämpfen, wirst du es nicht mehr schaffen.«

Mit schaffen meinte er, der Beste der Welt zu sein, diesen einen großen Traum, den wir hatten. Heute weiß ich, wie recht er hatte. Ich habe erlebt, wie Konkurrenten ihren großen Traum für Geld aufgaben, wie sie immer wieder schädliche Kompromisse eingingen, sich kaputt machen ließen. Damals verstand ich das noch nicht so, doch ich vertraute auf meinen Coach, der dann noch hinzufügte: »Mach das, entwickle dich, wir gehen unseren Weg, du wirst die Ringerwelt schockieren und erschüttern, und später holst du dir alles zehnfach zurück.«

Und genau so kam es. Weil mein Warum stark war. Auch das Geld wäre ein Warum gewesen, doch vermutlich nicht so mächtig und vor allem nicht so nachhaltig wie mein großer Traum.

Eine kurze Anmerkung, um das Verhältnis von Coach Andi und mir in diesem Kontext zu verstehen: Andi hat mir nicht verboten, die Angebote anzunehmen. Er hat mir nie etwas verboten. Stattdessen hat er etwas viel Nachhaltigeres getan: Er hat in mir das Bewusstsein geschaffen, selbständig zu sein, eigene Entscheidungen zu treffen und dafür die Verantwortung zu tragen, auch oder gerade wenn diese Entscheidungen Fehlentscheidungen waren. Selbständigkeit und Eigenverantwortung sind für mich zentrale Elemente eines erfolgreichen Lebens. Erfolgreich in einem geschäftlichen oder beruflichen, aber auch in einem noch

Wie Ziele für Balance und Zufriedenheit sorgen

viel umfassenderen Sinne. Wer immer nur fremdbestimmt ist, wird nicht wirklich zufrieden sein. Wer keine eigenen Entscheidungen trifft, der geht auch nicht seinen eigenen Weg. Als würde man ständig irgendwohin gefahren, ohne Einfluss darauf zu haben; wir sind nicht am Lenkrad unseres eigenen Lebens. Wenn wir dagegen selbst steuern, verfahren wir uns sicher immer wieder. Aber wir sind es, die lenken und steuern. Zumindest oft.

Der amerikanische Unternehmensberater Simon Sinek hat ein inzwischen weltberühmtes Buch mit dem Titel *Start with why* (*Frag immer erst: Warum*) geschrieben. Auch wenn es in diesem Buch um Leadership zum Beispiel in Unternehmen geht, gilt das, was hier thematisiert wird, natürlich auch für jeden von uns. Denn Leadership ist immer zuerst einmal Self-Leadership. Sinek entwickelt in dem Buch einen »golden circle«, ein Geflecht von den Fragen »Why«, »How« und »What«, das inzwischen in nahezu allen Bereichen von Organisationsentwicklung benutzt wird. Ich erinnere mich in dem Zusammenhang an einen Satz, der sehr gut dazu passt, wenn es um das Formulieren von Zielen geht: »Wenn dein Warum stark genug ist, kommt das Wie von ganz allein.« Diesen Satz habe ich einmal bei Christian Bischoff gehört, der ein erfolgreicher Basketballspieler und -trainer war, inzwischen bekannter Speaker und Coach ist und der mein Mental-Trainer wurde. Ich finde diesen Satz extrem stark und rate deshalb unbedingt: Finde für jedes Ziel dein Warum – dann wirst du auch das Wie finden.

Der erste Schritt ist also die Frage nach dem Warum. Der zweite ist dann die tatsächliche Zielformulierung. Bei den Zielen war mir immer wichtig, unterschiedliche Zeitperspektiven ins Auge zu fassen. Man kann nicht nur mit mega-kurzfristigen Zielen vorankommen. Natürlich ist es klasse, wenn ich heute zwanzig Seiten mehr lese, eine Stunde Joggen gehe, mit den Kindern spiele und eine Aufgabe im Job abschließe. Das motiviert, gibt dem Tag Struktur, und wenn ich das Ziel erreicht habe, fühlt sich der Tag am Abend schon ganz anders an. Kurzfristige Ziele können sehr wichtig sein für meine Zufriedenheit. Und diese Zufriedenheit ist die Basis für die Motivation, weiter entfernte Ziele zu verfolgen. Wir brauchen aber auch mittel- und langfristige Ziele, also alle drei Arten. Nur im Hier und Jetzt zu leben, wie es manche Ratgeber suggerieren, das ist Quatsch. Wenn wir nicht bis zum Horizont schauen, erweitern wir unseren Horizont auch nicht. Wir können das Leben step by step leben und es fühlt sich gut an. Doch weiter kommen wir, wenn wir alle drei Perspektiven kombinieren. Wer weiter denkt, kommt weiter. Frage dich selbst: Wo sehe ich mich in zwei Jahren? Und wo sehe ich mich in zehn Jahren? Die Mischung von kurz- und mittelfristigen Zielen benötige ich für meinen Weg.

Neben den verschiedenen Perspektiven und Zeitzielen ist eines besonders wichtig: Präzision und Klarheit. Oft erlebe ich bei Klienten den immergleichen Fehler: Sie formulieren zwar Ziele, sie tun das aber bewusst schwammig. Je unschärfer ein Ziel, desto leichter fällt es, zu sagen: »Quasi, eigentlich, fast habe ich es erreicht, ich bin ganz nah dran.« Diese Formulierungen sind aber die Feinde jeder Erfolgsstrategie. Du erreichst ein Ziel nicht eigentlich. Du musst nach dem Unmöglichen streben, um das Mögliche zu erreichen! Du erreichst es, oder du erreichst es nicht. Punkt. Es kann gute Gründe dafür geben, dass man ein Ziel nicht erreicht, und das macht uns als Mensch auch nicht weniger wertvoll. Doch die Quasi-eigentlich-fast-Strategie bringt keinen Erfolg. Nur wenn wir den Mut aufbringen und uns messen lassen, haben wir wirklich harte und valide Ziele.

In der Wirtschaft spricht man von KPIs, von Key-Performance-Indicators, von festgelegten Kennzahlen, anhand derer man Leistung genau und vor allem transparent bewerten kann. Ich glaube: Jede und jeder braucht seine persönlichen Lebens-KPIs. Nicht alles im Leben ist messbar, und das soll auch nicht so sein. Wir brauchen immer auch weiche Ziele, etwas, was nicht in Ranglisten, Zahlen oder Geld eingeteilt werden kann. Doch genauso brauchen wir Lebens-KPIs, die wir für uns festlegen und die uns Orientierung und Anhaltspunkte geben. Das können Sachen wie meine 50 Kilogramm und Platz eins, das können auch ganz andere Dinge sein. Hauptsache, wir haben den Mut, uns KPIs zu suchen.

In diesen Tagen, in denen ich dieses Buch schreibe, muss ich ständig über die Bedeutung der Lebens-KPIs nachdenken. Weil ich in meinem jetzigen Lebensabschnitt als Coach und Speaker merke, wie ziellos viele, selbst erfolgreiche, Menschen durch ihr Leben leben. Dabei sind es gerade unsere Ziele, die uns Balance und Zufriedenheit schenken. Natürlich erzeugen sie auch Druck, und es kann unangenehm sein, sie zu verpassen. Andererseits steigt doch unsere Zufriedenheit maximal, wenn wir genau sagen können: Ziel erreicht. Oder sogar: Ziel übertroffen.

Wir müssen unsere Ziele formulieren, wir müssen sie dann aber vor allem fühlen, wir müssen also unsere Ziele zu einer Emotion machen. In dem Augenblick, in dem du das Ziel wirklich fühlst, in dem Augenblick hast du das Ziel das erste Mal erreicht. Die Formulierung der Ziele weist uns den Weg, doch wir müssen diesen Weg auch bis zur Emotion gehen. Ziele sind die Koordinatensysteme, die uns helfen, nicht aus der Bahn zu geraten. Wir müssen priorisieren. Und wenn wir priorisieren, dann halten wir das Gleichgewicht, die Balance. Wir kippen nicht einfach auf die eine oder die andere Seite, sondern hangeln uns voran. Formulierte und messbare Ziele sind entscheidend für Lebensbalance und Lebenszufriedenheit. Wie es sich anfühlt, wenn sie uns fehlen oder wenn wir sie nicht formuliert haben, das habe ich selbst erfahren. Eben an jenem eingangs zitierten Silvester 2022.

Mein gesamtes Jugendlichen- und Erwachsenenleben hatte ich immer in der Woche vor dem Jahreswechsel meine Ziele formuliert. Sie veränderten sich natürlich im Lauf der Zeit, von der Konzentration auf den Sport hin zu umfassenderen Entwicklungsschritten. Doch plötzlich wechselte das Jahr von 2021 auf 2022, und ich hatte keinen Zettel, keinen Block, auf dem irgendetwas stand. Ich hatte keine Lust gehabt, hatte gedacht, endlich sei ich nach den Olympischen Spielen in Tokio raus aus diesem krassen Leistungsrahmen, ich sollte mir einfach mal etwas Freiheit gönnen. Aber nach wenigen Tagen merkte ich: Es stimmt etwas nicht. Ich war überhaupt nicht zufrieden und komplett aus der

Balance. Nicht, dass ich die ganze Zeit über mies drauf gewesen wäre. Doch ich spürte, dass etwas fehlte. Ich dachte, okay, wir fahren Ende Januar in Urlaub, dann kann ich ja noch immer in Ruhe ein paar Sachen überlegen. Aber dann waren wir im Urlaub, und es kam nichts. Von außen gesehen war alles entspannt, es hätte super sein können, doch ich war nicht im seelischen Gleichgewicht. Als ob ich plötzlich zwei Gewichtsklassen zu hoch antreten müsste, zwei Lebensgewichtsklassen.

Irgendwann rief ich Christian Bischoff an und meinte zu ihm: »Hey, ich fühle mich so strange, ich hänge in der Luft und habe keine Ziele. Ich brauch doch Ziele im Leben!!!«

Er antwortete: »Warum eigentlich? Du brauchst das gerade gar nicht. Jedem Normalsterblichen empfehlen wir das, weil jeder Ziele im Leben braucht, zum Visualisieren, zum Fokussieren. Das ist auch ganz, ganz wichtig. Aber du warst dein ganzes Leben fokussiert.« Und er erklärte weiter: »Du warst dein ganzes Leben lang in diesem Rahmen drin. Keiner weiß besser, was es heißt, Tag für Tag sein Ziel und seinen Traum zu jagen. Jetzt hast du das erste Mal in deinem Leben die Möglichkeit, frei zu sein …«

Pause. Und dann: »Scheiß auf die Ziele. Sei frei, mach das, was dir Spaß macht, und geh mit dem Wind.«

Geh mit dem Wind … Der Spruch passte so gar nicht in mein bisheriges Athletenleben. Tatsächlich blies der Wind kräftig von hinten, ich hatte richtig Rückenwind und nutzte ihn. Neue Sponsoren, neue Partner, viele Anfragen für Vorträge, Seminare und Workshops, toll. Ich war selbst überrascht, dass ich nicht nur mit dem Wind ging, sondern flog. Bald war das Gefühl der mangelnden Balance wie weggeblasen. Und trotzdem spürte ich irgendwann: So großartig sich diese neue Leichtigkeit auch anfühlte, sie war nicht komplett. Ich war nicht komplett, ohne Ziele. 2022 war ein erfolgreiches Jahr, doch in der Woche vor dem Wechsel zu 2023 setzte ich mich wieder hin und formulierte neue Ziele. Nur dass diesmal eine neue Säule dazugekommen war: Früher war die erste Säule immer das Ringen; die zweite die Gesundheit, die dritte das Private – und jetzt war als vierte Säule das Business dazugekommen.

Ich weiß, dass nicht alle Erfahrungen und Einsichten, die ich im Sport und meiner Karriere gesammelt habe, sich eins zu eins auf das Privatleben oder ins Business übertragen lassen. Viel aber eben schon, und das erlebe ich gerade bei einem einfachen Beispiel, das mir vor allem beim Coaching oft begegnet: Nimm zwei Personen, die die gleichen Voraussetzungen mitbringen. Die eine sagt: »Ha, ich bin noch nicht so weit, es wird wahrscheinlich nichts werden, es klappt nicht.« Die andere sagt: »Ich weiß nicht wie, aber ich weiß, ich werde es schaffen.« Was passiert, und zwar fast immer? Beide behalten recht.

- Finde für jedes Ziel dein Warum – dann wirst du auch das Wie finden.
- Wer weiter denkt, kommt weiter.
- Du erreichst ein Ziel nicht eigentlich. Du erreichst es, oder du erreichst es nicht.

»Nur« ist keine Option – Wie wir unser inneres Energiekonto füllen

Bevor wir so richtig in dieses Kapitel einsteigen, eine kurze Anmerkung: Ich habe vorhin von der Begegnung mit meinem Trainer erzählt, bei der es um die Angebote und das Geld ging, das ich als junge Ringerhoffnung mit siebzehn oder achtzehn plötzlich hätte verdienen können. Meine damalige Entscheidung, nicht auf das Geld zu setzen, sondern auf meinen großen Traum, war komplett richtig. Ich musste abwägen zwischen einem kurzfristigen Ziel und einem mittel- und langfristigen. Dass ich mich gegen das Geld entschied, bedeutet aber nicht, dass mir Geld total egal wäre. Ich bin nicht naiv. In meinem Sport verdienst du keine Unsummen, und mit den Gehältern, Sponsorengeldern oder Prämien allein kannst du nach deiner Karriere nie und nimmer ein entspanntes Leben führen. Das klappt vielleicht beim Basketball oder in der Fußballbundesliga. Aber im Ringen? Vergiss es! Sicher, das Geld, das ich damals bekommen hätte, wäre für einen jungen Erwachsenen ganz nice gewesen. Doch das hätte natürlich nie und nimmer für länger gereicht. Insofern habe ich mich einerseits für meinen großen Traum entschieden. Andererseits aber habe ich früher als andere kapiert, dass ich aus dem großen Traum, wenn ich ihn verwirklicht habe, auch etwas machen muss. Und dazu gehört ganz wesentlich auch Geld.

»Mal eben so« ist kein Leistungsprinzip

Henry Ford, der große Ingenieur, soll einmal gesagt haben: »Zuallererst ist Vorbereitung das Geheimnis des Erfolgs.« Der Spruch trifft zu einhundert Prozent zu, egal ob es um die Vorbereitung auf einen Kampf oder für ein ganzes Event, für ein Meeting oder einen mehrtägigen Workshop geht. Was für mich früher die Vorbereitung für ein Bundesligamatch oder ein internationales Turnier war, ist heute die Vorbereitung für eine Keynote als Speaker oder für einen Workshop als Coach. Vorbereiten muss ich mich immer. Mal eben so da reinmarschieren, das klappt nicht. Natürlich gewinnt man mit der Wiederholung eine gewisse Routine, bestimmte Griffe und bestimmte Sätze beherrscht man irgendwann im wahrsten Sinne des Wortes wie im Schlaf. Und wenn keine unvorhergesehenen Störfaktoren auftauchen, werden wir ein gewisses Leistungsniveau sehr wahrscheinlich nicht unterschreiten. Doch ohne Vorbereitung kommen wir auch nicht an unser Limit, wir kommen nicht an unser Maximum ran. Mal eben so ist kein Leistungsprinzip. Mal eben so wird man nicht Champion, egal worin.

Ganz am Anfang meiner Karriere war für mich die Frage, was denn eigentlich danach kommen wird, kein allzu großes Thema. Ich würde lügen, wenn ich behaupten würde, dass schon damals die Karriere nach der Karriere mit Zetteln und Zielen in meinem Zimmer angepinnt hing. Und ich weiß auch gar nicht, ob es zu der Zeit überhaupt möglich gewesen wäre, den einen großen Traum zu verfolgen und dabei die Vernunft nicht auszuschalten. Träume sind nicht immer vernunftgesteuert. In der Schule mogelte ich mich mehr recht als schlecht durch, mein Leben war nicht die Schule, sondern allein das Ringen. Als ich allerdings älter wurde, änderte sich meine Haltung, und daran hatten meine Eltern und auch mein Trainer einen großen Anteil. Über Andis Connection konnte ich eine zweite Ausbildung zum Fachinformatiker starten, ganz in der Nähe meiner Heimatgemeinde, zehn Minuten entfernt. Zuvor hatte ich schon eine Ausbildung zum Bürokaufmann absolviert und im Anschluss als Marketingassistent gearbeitet. Drei Jahre Ausbildung, vierzig Stunden die Woche wie in anderen Jobs auch, und Training um sechs am Morgen vor der Schule. Während ich also zunächst im Sport auf die deutsche und dann auf die internationale Spitze hintrainierte, arbeitete ich die erste Zeit vierzig, später dann dreißig Stunden im Büro, wie jeder andere auch. Allerdings musste ich vorher trainieren und dafür früh um sechs antreten. Abends kamen drei Stunden Training dazu. Und so hatte ich in den ersten Jahren eine Siebzig-Stunden-Woche.

Ob ich das toll fand? Nein, nicht immer. Im Nachhinein war das aber ein wichtiges Learning, das ich weiterzugeben versuche: Du musst dir Traumziele setzen und alles dafür tun, sie zu erreichen. Nur darf das Träumen deinen Realitätssinn nicht verdrängen. Das vielleicht Schwierigste ist, genau diesen Spagat hinzubekommen: zu träumen, die eigenen Träume zu jagen und zugleich nicht das Gefühl dafür zu verlieren, dass wir immer auch vorsorgen müssen. Richtig: Wir setzen alles auf eine Karte. Aber wir halten zugleich noch ein paar andere Asse in der Hinterhand. Der Spagat kann extrem weit sein und richtig weh tun. Doch wenn ich sehe, wie viele Sportler es gab, die sicherlich talentierter waren als ich und frühere und größere Erfolge hatten, die aber durch eine dumme Verletzung oder einen blöden Zufall ausgeknockt wurden, sodass nichts mehr blieb von ihrer Karriere, dann bin ich froh, dass ich die Ausbildung gemacht habe. Und zwar nicht, um in diesem Job zu arbeiten, das ist nicht der Punkt. Sondern weil mir dadurch klar wurde, dass wir immer noch einen Schritt weiterdenken müssen. Dass zur Vorbereitung nicht nur der Fokus auf den nächsten Kampf gehört, sondern auch darauf, was möglicherweise danach kommt.

Ungefähr siebzehn Jahre später, meine Karriere ist fast vorbei. Nur noch ein Kampf, mein allerletzter Kampf. Ich habe monatelang dafür organisiert, habe unzählige Telefonate geführt, alte Verbindungen genutzt und neue geknüpft. Es sollte der größte Kampf aller Zeiten in Deutschland werden, nicht mehr, aber auch nicht weniger. Vor allem nicht weniger. Und das wurde er auch. In meiner subjektiven Sicht sowieso, aber auch objektiv, zumindest, wenn man den unzähligen begeisterten Rückmeldungen glaubt, die ich bekam. »Mit einer Ringer-Show der Superlative hat sich der dreimalige Weltmeister Frank Stäbler endgültig vom professionellen Sport verabschiedet«, jubelte die *Sportschau*. Die *Stuttgarter Nachrichten* wurden sogar noch hymnischer und teaserten: »Feuerfontänen, Weltklasse-Sport, Tim Bendzko als Überraschungssänger, Akrobatik zum Niederknien: Zum Abschied vor 4300 Fans legt Ausnahmeringer Frank Stäbler als Sieger eine ganz große Show hin, als solle diese lauten: Fränky Goes To Hollywood!«

»Mal eben so« ist kein Leistungsprinzip

Wie auch immer die Schlagzeile lautete, am Ende lief es wirklich optimal für mich. Die Halle ist voll und das Publikum von Beginn an außer Rand und Band. Die Euphorie, das Adrenalin, die Begeisterung, ich kann sie richtig hören, riechen, sehen, greifen. Gänsehaut pur! Ich spickele immer wieder durch die Tür in die Halle, sitze auch mal in der letzten Reihe und sehe die ganzen VIPs, die treuen Freunde und langjährigen Weggefährten, von den Trainern über Mannschaftskameraden bis hin zu ehemaligen Konkurrenten. Und ich sauge alles in mich auf: Die Leistungen auf der Matte? Viele Weltklasse. Die Jubelstürme und Begeisterungswellen auf den Rängen? Alle Weltklasse. Die Showeinlagen, darunter mein Freund Tim Bendzko? Überragend! Die Dramaturgie des Kampfs? Spannend und, nun ja, eben dramatisch. Und dann mein letzter Kampf, »The Last Fight« (so lautete auch der Titel des Events) gegen Mohammadreza Geraei, iranischer Olympiasieger von 2021 und amtierender Weltmeister. Er hatte mich damals im Viertelfinale bei Punktgleichstand lediglich aufgrund einer umstrittenen Verwarnung geschlagen. Und auch diesmal liegt er vorne, technisch stark und taktisch clever, ein Champion eben. Von wegen netter Ringelpiez mit Anfassen zum Abschluss meiner Karriere. Wir geben alles, doch Mohammadreza bleibt vorne. Letzte Niederlage im letzten Kampf? Letzter Kampf eine letzte Niederlage?? Nein: letzter Wurf, letzte Punkte – und letzter Sieg. Danach noch einmal Emotionen und wieder Gänsehaut pur. Sogar jetzt noch, beim Schreiben.

Warum erzähle ich das so ausführlich? Weil genau dieser letzte Wurf das verdeutlicht, was einen Champion ausmacht: nicht aufgeben, klar. Aber eben auch das Abfeiern einer Aktion im Training (ich spreche darüber im Kapitel »Von der Kunst, kleine Siege zu feiern«), als sei das der Wurf, mit dem du einen wichtigen Kampf gewinnst oder sogar eine Medaille, das Feiern der kleinen Siege für das Feiern der großen Siege. Und ich erzähle das, weil ich damit auf noch eine andere Facette der Vorbereitung hinweisen möchte: Ich hatte für dieses Event geackert, ein halbes Jahr, Fulltime. Es hatte viel Spaß gemacht und mich berührt, weil ich so viel Unterstützung und Loyalität und positive Energie auf diesem Weg erhalten hatte. Aber am Ende war es einfach ein echtes Brett an Arbeit. Dann dieser letzte Kampf, noch einmal so viel Arbeit und so viel positive Energie. Und schließlich die Emotionen des Abschieds und das Feiern danach mit all den Menschen, die mir über Jahrzehnte so nahe waren, die ich zum Teil öfter und länger gesehen hatte als gute Freunde, das endgültige Ende meines Lebens als Ringer und der Beginn eines anderen Lebens. Jeder hätte vermutlich verstanden, wenn ich das alles in vollen Züge genossen hätte. Und das habe ich auch. Aber nur bis zum nächsten Morgen. Denn obwohl ich physisch und psychisch komplett gerädert war und so voll mit Emotionen, wie es nur ging, trotz alledem war ich am nächsten Morgen als einer der Ersten wach. Ich hätte auch ausschlafen können. Tat ich aber nicht. Sondern ich begann direkt am nächsten Morgen mein Leben als Ex-Wettkämpfer und Neu-Geschäftsmann: Sponsorengespräche, Shakehands mit Multiplikatoren, Verabredungen mit möglichen Partnern. Als es Mittag war und einige meiner Feierkumpels so langsam aus den Betten krochen, hatte ich schon erste Deals eingetütet. Auch das: Vorbereitung.

Keine Panik, ich will nicht gegen das Feiern oder das Ausschlafen hetzen, das tue ich selbst viel zu gerne. Und schon gar nicht will ich irgendeinem plumpen »Play hard, work hard«-Mythos das Wort reden. Ich will damit nur sagen, dass für mich die Vorbereitung auf den nächsten Abschnitt bereits während meiner Karriere mit den Ausbildungen und anderem begonnen hatte und ich direkt nach dem Karriereende damit weitermachte. Vorbereitung eben, oder noch besser: Vorsorge. Neben der Tatsache, dass wir manchmal durch banale Fakten wie Arbeitsverträge oder anderen Verpflichtungen zu Vorbereitung gezwungen sind, ob wir wollen oder nicht, und neben der Tatsache, dass wir überhaupt erst durch Vorbereitung in der Lage sind, eine Präsentation zu halten, ein Musikstück zu spielen oder eben einen Kampf zu bestreiten, hat diese Vorbereitung-Vorsorge zwei Hauptaspekte. Der erste ist, dass wir uns damit einen kurz- oder mittelfristigen Puffer für den Fall verschaffen, dass etwas schiefgeht: wenn wir plötzlich krank werden und uns drei Tage für die Vorbereitung auf eine wichtige Prüfung fehlen, wenn wir uns verletzen und eine Woche nicht trainieren können, wenn wir urplötzlich ganz, ganz schnell ein anderes Projekt vorziehen müssen und nicht weiter an dem eigentlich geplanten weitermachen können. Schlechte Zeiten müssen und können in guten vorbereitet werden. Immer dann zahlt sich Vorbereitung als Puffer aus. Langfristig – und das ist der zweite Hauptaspekt – wiederum bedeutet Vorbereitung-Vorsorge neben vielem anderen vor allem Freiheit. Nie die totale Freiheit, die erreichen wohl die wenigsten im Leben, vielleicht auch niemand. Aber gewisse Grade von Freiheit, die in unserer Gesellschaft unvermeidlich etwas zu tun haben mit finanziellen Mitteln.

Ich habe das Kapitel mit der Feststellung begonnen, dass ich nie für Geld gekämpft habe. Das stimmt auch. Also irgendwie. Denn ehrlicherweise habe ich meine Sicht darauf verändert, ohne dass ich ein Söldner geworden bin. Die Erleuchtung kam mir, wie so oft, durch ein Gespräch, das mir die Augen öffnete. Ich quatsche mit Christian Bischoff, meinem Mental-Coach. Ich weiß nicht mehr genau, wie wir auf das Thema kamen, jedenfalls sagte ich: »Geld interessiert mich gar nicht. Ich bin eher Gefühlsmensch, das passt.«

Darauf Christian: »Hey, du bist doch kein Dummkopf, wieso sagst du so etwas?«

Ich: »Ja, Geld ist mir nicht wichtig. Ich kann auch ohne großes Geld glücklich sein. Ist doch gut so.«

Er: »Falsch, Geld sollte dir sehr, sehr, sehr wichtig sein.«

Ich: »Warum, warum denn das? Geld ist nicht wichtig, so bin ich nicht erzogen worden.«

Er: »Versuche, so reich wie nur irgendwie möglich zu werden, denn die finanzielle Unabhängigkeit gibt dir die Freiheit über deine Lebenszeit.«

Der Satz hat richtig geknallt. Irgendwie hat man ja solche oder ähnliche Sätze schon mal gehört, aber dieser Satz zu diesem Zeitpunkt hat mich tief getroffen und hat meine komplette Einstellung zu Geld verändert. Darum ging es mir aber auch nicht. Für mich war es wichtig, dass mir klar wurde: Es ist in Ordnung, gutes Geld zu verdienen. Das bedeutet ja nicht, dass wir unbedingt alles dafür tun müssen, um Millionär zu werden. Auch nicht, dass wir verbissen nur das eine Ziel, nämlich Reichtum, verfolgen sollen. Ich habe ja deswegen meine Träume und Ziele, die den Sport und die Familie betrafen, nicht aufgegeben, im Gegenteil. Es bedeutet – und das gebe ich all meinen Klienten mit –, dass wir beides zusammenbringen müssen: Wir finden unsere innere Balance nur dann, wenn uns die Balance zwischen der Passion und dem Erfolg gelingt. Also nur dann, wenn wir mit »romantischer« Leidenschaft für unseren Job oder was auch immer brennen und zugleich finanzielle oder andere Parameter nicht aus den Augen verlieren. Gefährlich wird es, wenn wir, weil wir nicht als Materialisten oder Söldner verunglimpft werden wollen, uns nicht trauen, auch ökonomische Ziele zu verfolgen und zu artikulieren. Ich weiß, wovon ich spreche, glaubt mir. Gerade im Ringen ist der Söldnervorwurf weit verbreitet, er stammt oft aus einer unrealistischen und naiven Sicht auf unseren Beruf. Wer bitte kann denn vom Ringen allein leben oder hat nach der Karriere für das restliche Leben ausgesorgt? Und das gilt übrigens auch für unzählige olympische Sportarten, die im Schatten von König Fußball ihre Nische suchen müssen.

Es gibt eine Zwischenposition zwischen dem Söldner, der seine Passion verkauft und damit auch ein Stück seiner selbst, und der Sportlerin, die allein ihrer Passion verhaftet bleibt und nicht für sich vorsorgt. Es gibt die Sportlerin, die für ihren Sport lebt und zugleich auch darauf achtet, das Beste für sich herauszuholen – und das gilt nicht nur für den Sport, sondern für jeden Beruf, den wir mit Leidenschaft ausüben.

Ich sage nicht, dass das immer einfach ist und manchmal nicht auch Kompromisse gemacht werden müssen; ich kenne das gut vom Anfang meiner Karriere. Aber diese grundsätzliche Balance, die ist super wichtig und etwas, was wir lernen können und uns immer wieder sagen dürfen. Wer etwas leistet, der soll sich auch etwas leisten können. Die Energie, die wir investieren, die sollten wir auch wieder herausbekommen. Ich habe auch nie akzeptiert, wenn man sagte: »Das ist halt im Ringen so, da verdient man eben kein richtiges Geld.« Ich dachte mir dann: »Ok, dann bin ich halt der Erste.«

Was hat mich damals an Christians Spruch so fasziniert? Die Zauberworte »Freiheit« und »Lebenszeit«. Dazu komme ich gleich. Vorher will ich noch kurz eine Story erzählen, die gut zeigt, wie das Thema »Vorsorge« in meinem Sportlerumfeld gelebt wurde: 2016 saß ich mit ein paar Kumpels aus der Nationalmannschaft zusammen, alle ungefähr so alt wie ich. Wir waren die letzten zwölf Jahre in der Nationalmannschaft gewesen, hatten gemeinsam zahlreiche Schlachten auf der Matte und noch mehr im Training geschlagen, gegeneinander und miteinander. Die Olympischen Sommerspiele in Rio lagen vor uns, und wir befanden uns wieder einmal gemeinsam im Trainingslager. Wir quatschten über alles Mögliche, und irgendwann kamen wir auch zu dem Thema, wie denn unsere Pläne für die Zukunft aussehen. Ich fragte in die Runde: »Boa, wie sieht's aus: Olympia, Rio, macht ihr danach weiter?« Alle redeten durcheinander, es ging hin und her, bis ich rief: »Ja, komm, wir sind doch noch jung, ein Zyklus geht noch. Bis 2020, dann ist Schluss.« Die anderen: »Okay, ziehen wir das noch zusammen durch, und dann ist Feierabend.« Als Rio hinter uns lag, begannen wir mit der Vorbereitung für Tokio. Es kam Corona und damit die Olympiaverschiebung, also noch einmal ein »Bonusjahr« obendrauf. Dann, 2021, saßen wir an einem Sommerabend in Fuerteventura in genau derselben Konstellation in einem der letzten Trainingslager wieder zusammen. Erschöpft und euphorisch und ein bisschen sentimental. Und ich fragte wieder: »Hey, Jungs, bald ist der wilde Ritt vorbei: Wie sieht's denn bei euch aus? Was macht denn ihr jetzt so?« Der Erste: »Äh, ja, äh, ich habe drüber nachgedacht, also eigentlich, es geht schon, ich denke, ich mach noch mal einen Zyklus.« Ich: »Echt jetzt? Krass!« Der Zweite: »Ja, also ich habe überlegt, ob ich im Job das und das und das mache; aber, ja, ist auch nicht das Richtige. Mein Körper passt eigentlich auch noch. Ich mach auch noch mal einen Zyklus.« Der Dritte darauf: »Äh, ich bin ganz ehrlich, ich habe hin und her überlegt, aber ich habe keine Perspektive. Ich habe einen Scheißjob, viel Arbeit und wenig Kohle, darauf habe ich keinen Bock. Beim Ringen kann ich das machen, was mir Spaß macht, ich kann reisen und die Welt sehen, und kriege ein bisschen Geld, das reicht mir. Deshalb mache ich weiter, solange es irgendwie noch geht.« Der Vierte schließlich, damals schwer verletzt: »Also ich komme jetzt in die Reha, es ist doch zu spät, auszusteigen. Ich werde noch einmal richtig fit und greife voll an.« Er ist nie mehr richtig fit geworden, hat es nie wieder an die Spitze geschafft – und hatte keinen Plan B, geschweige denn einen Plan A2.

Plan A2? Was meine ich damit? Ganz einfach: Plan A2 ist das, was nach dem Plan A kommt. Ich war nie ein Fan davon, mir immer gleich einen Plan B zurechtzulegen. Ich weiß, viele Coaches und Experten raten genau dazu, und für manche mag das ja auch gut sein. Doch ich habe die Erfahrung gemacht, dass ein Plan B sehr schnell die inneren Ressourcen abziehen kann. Die wenigsten können sich voll auf Plan A fokussieren, wenn bereits ein Plan B in ihrem Hinterkopf herumwandelt. Wer stets die komplette Absicherung will, geht nicht das nötige Risiko ein, das hinter jedem Erfolg auch steckt. Vollkaskocharaktere werden keine Champions. Plan A2 ist im Gegensatz zu Plan B nicht so sehr die Alternative für das gescheiterte Vorhaben, die oft schon im Vorhinein zu einer Ausrede und mentalen Bremse werden kann. Plan A2 ist das, was folgt, wenn Plan A aufgegangen ist – oder auch nicht. Das ist ein ziemlicher Unterschied: Ich wollte damals ja eigentlich gar nicht wissen, was meine Kumpels vorhatten, wenn sie beispielsweise wegen einer Verletzung vor 2020 aufhören müssten. Es ging mir darum, was nach 2020 kommen sollte; etwas, worauf wir uns vier Jahre lang vorbereiten konnten. Es ging nicht um das Überwinden von Hürden, die plötzlich auf unserem Weg aufploppen könnten und die wir vorher nicht gesehen hatten, sondern um Hürden, die wir bereits von Weitem sehen konnten und die andere vor uns übersprungen oder gerissen hatten. Vier Jahre Zeit, um neue Türen zu finden und zu öffnen, um dann die alten zu schließen. Eigentlich Zeit genug. Ich komme darauf auch noch einmal zurück, wenn es um das Thema »Identifikation« geht. Denn das Kernproblem lag vermutlich darin, dass sich alle nur mit dem Ringen und sich nur als Ringer identifiziert hatten. Und dass, weil diese

Identifikation so stark war, sie nicht loslassen konnten. Das habe ich bei zahlreichen Sportlern erlebt, und das gibt es auch in anderen Branchen: Wenn jemand sich nur und ausschließlich als Managerin sieht und diese Management-Aufgabe plötzlich wegfällt, was bleibt dann? Wenn wir uns nur mit einer Aufgabe oder Tätigkeit identifizieren, bleibt von uns sonst nicht viel übrig. Das kann sich rächen.

Es steht mir nicht zu, zu beurteilen, weshalb jemand so lange in der alten Tür stehen bleibt, bis er rausgedrängt wird und dann feststellen muss, dass gleich zwei Türen zu sind, die alte und auch die neue. Ich weiß nur, dass ich damals dachte: »Wahnsinn, krass, das sind so viele Jahre, und es gibt keinen richtigen Plan für danach. Wo ist die Zeit hin? Nun müsst ihr so lange in einem System bleiben, das euch vielleicht gar nicht mehr will. Und dann?« Tatsächlich kam es genau so, was mir extrem leid tut: Junge Athleten rückten nach, wurden stark und irgendwann stärker. Die Leistungskurve der Konkurrenz zeigte natürlicherweise nach oben und die eigene ebenso natürlicherweise nach unten. Irgendwann war man nicht mehr die Nummer eins und nicht einmal mehr die Nummer zwei. Zuerst versuchten die Trainer, das den Jungs schonend beizubringen, irgendwann tat das der Verband, indem er die Förderung strich; aber nicht etwa, weil er unbarmherzig oder undankbar gewesen wäre, sondern weil das einfach das Geschäft ist. Unser Geschäft, das jeder kennt oder kennen kann, wenn er denn will. Bei anderen machte der Körper nicht mehr mit, setzte erst zarte Stoppsignale und zog irgendwann die Notbremse. Aus und vorbei. Unterschiedliche Szenarien, doch alle hatten sie eine

Gemeinsamkeit: Jemand anders traf die Entscheidung und nicht die Betroffenen selbst. Und das hat Auswirkungen, nicht nur für die Sportkarriere, sondern auch für das, was danach folgt, was folgen könnte oder folgen sollte.

Für mich waren diese beiden Gespräche echte Augenöffner. Mir wurde dadurch noch klarer, was ich instinktiv bereits mit meiner Ausbildung, dem Job, mit dem Training am eigenen Home-Stützpunkt und mit vielen anderen Dingen in Angriff genommen hatte: dass ich meinen Weg eigenständig gestalten wollte und dass die Vorbereitung für das Leben nach meiner Ringerkarriere genauso wichtig war wie die Vorbereitung für meine Ringerkarriere selbst. Ich wusste, ich wollte nicht, dass mein Körper oder ein Gegner oder ein Verbandsoffizieller meine Sportkarriere beendet. Ich wusste auch, dass ich nach dem Profiringen vielleicht eine Pause benötigen würde, aber trotzdem direkt vom einen Tag auf den anderen in ein anderes, ein bereits vorbereitetes Leben schlüpfen wollte. Auch wenn ich müde und etwas verkatert am Tag nach meinem letzten Kampf und dem letzten sportlichen emotionalen Moment auf der Matte sein sollte.

Energiesparen mal anders

Ja, Mister Ford, Vorbereitung ist der Schlüssel zum Erfolg. Aus den geschilderten Gründen, aber vor allem, weil immer wieder plötzlich unvorhergesehene Sachen passieren können. Und glaubt mir, es gibt keine Vorbereitung, die komplett nach Plan läuft. Jedenfalls nicht im Sport, schon gar nicht im Kampfsport, und auch im »normalen« Leben nicht. Für mich spiegelt sich das auch noch in einem anderen schönen Zitat wider, das ich irgendwann einmal für mich selbst gefunden habe: »Was du im Schatten erschaffen wirst, wird sich im Licht zeigen.«

Vor allem zu Beginn meiner Karriere habe ich etwas völlig unbewusst gemacht, was mir erst später richtig klar geworden ist und was ich schon öfter habe anklingen lassen. Sorry, übrigens, wenn das in diesem Buch öfter einmal vorkommt, aber ihr wisst ja: Lernen durch permanente Wiederholung – und das ist mir echt wichtig, weil die Lektion extrem wertvoll ist. Und was war das? Voller Einsatz! Viele haben mich Psycho genannt, weil für mich jedes Training wie eine Weltmeisterschaft war, weil ich in jedem einzelnen Training 110 Prozent gegeben habe. Ich hatte mein »Warum« und war selbst dafür verantwortlich, alles zu tun, um dieses »Warum« zu erreichen. Mein Umfeld, mein Coach, die waren unverzichtbare Stützen. Verantwortlich aber war nur ich, und diese Eigenverantwortung trieb mich an.

Dazu gehörte wesentlich, für schlechte Zeiten vorzusorgen. Wenn ich mich gut gefühlt habe, war es einfacher zu trainieren. Ich habe mir diese Phasen dann so vorgestellt, als würde ich auf ein Konto einzahlen: Ich zahle jetzt Energie ein; Energie, die ich wieder abheben kann, wenn ich sie mal nicht habe, aber brauche. Ich wusste, dass Rückschläge kommen würden, ob in der Vorbereitung, dem Turnier oder einem einzelnen Kampf. Das waren die Momente der Wahrheit, in denen ich niemanden, schon gar nicht mich selbst, mehr täuschen konnte. In diesen Momenten würde sich zeigen, ob und wie ich mich vorbereitet hatte. Und ich habe viel zu häufig gesehen, wie Mannschaftskollegen in einzelnen Einheiten mal nur 90 Prozent gaben, sich mit Trainingspartnern absprachen: »Komm, heute lassen wir es ein bisschen langsamer angehen. Will sich ja keiner verletzen.« Wenn dann Augenblicke der Krise kamen, waren es genau diese Einheiten, die ihnen das Genick brechen konnten.

Wenn du ins Stadion einläufst, dann ist der Druck da, und du bist mental nackt. Und spätestens in dem Augenblick weißt du tief in dir ganz genau, ob du in deiner Vorbereitung alles gegeben hast. Du weißt das und du fühlst das mit jeder Faser deines Körpers und Kopfes. Wenn ich dann wusste, dass ich vorgesorgt hatte, wurde ich ruhig – oder zumindest ruhiger. Ich hatte alles getan, was in meiner Macht stand, mehr ging nicht. Egal, was jetzt passieren würde: Mehr ging nicht. Das, was ich selbst in der Hand hatte, hatte ich gegeben; alles andere konnte ich nicht beeinflussen. Jetzt musste ich es nur noch zeigen. Diese Ruhe und Gelassenheit waren für mich extrem oft der Schlüssel zum Erfolg. Sie sind es bis heute.

Stresssituationen hat jede und jeder, nicht nur im Sport. Und wer immer last minute lernt, geht anders in eine Prüfung; wer die Präsentation in den letzten Stunden bis Mitternacht zusammenkloppt, fühlt sich am nächsten Morgen anders im Kundentermin. Und wer am Tag vorher plötzlich krank wird oder sich sonst wie schlecht fühlt, der braucht genau dann das innere Konto, um Energie »abzuheben«. Wenn du Vollgas gegeben hast, bist du viel entspannter, weil du weißt, dass du on track bist. Denn du hast dir einen

Puffer erarbeitet, der mit jedem Tag größer geworden ist. Hast du diese Gewissheit nicht, beginnt ein Teufelskreis: Erste Zweifel kommen auf, Hadern, Verkrampfen und Performanceverlust. Das erzeugt weitere Zweifel, noch mehr Hadern, noch stärkeres Verkrampfen und wieder Performanceverlust. Wie gesagt: ein Teufelskreis.

Das muss übrigens nicht nur für die Vorbereitung selbst gelten, sondern kann sogar im eigentlichen Kampf passieren. Auch ein Kampf verläuft oft nicht nach Plan. Wenn ich in der Vorbereitung alles gegeben habe, dann bin ich optimal vorbereitet, ich verliere nicht den Kopf, sondern gehe lösungsorientiert vor. Lief die Vorbereitung allerdings bescheiden und habe ich geschlampt, dann bin ich nicht in Topform, und zwar selbst verschuldet. Im Kampf beginnt dann ein Teufelskreis. Innerhalb von Sekunden spielt sich das ab, und das kann den Kampf, das Turnier und sogar eine Karriere entscheidend beeinflussen. Wir müssen unzählige Male on point sein, um auch am Ende on point zu sein. Es gibt kein »wenn es wirklich zählt«. Es zählt immer, damit wir am Ende Zählbares haben.

Ich musste mir diese Gewissheit und das Zählbare hart erarbeiten. Erinnert ihr auch an den Satz von Christian Bischoff? »Versuche, so reich wie nur irgendwie möglich zu werden, denn die finanzielle Unabhängigkeit gibt dir die Freiheit über deine Lebenszeit.« Als ich diesen Satz begriffen hatte, hatte ich plötzlich eine neue, zusätzliche Motivation. Das Entscheidende: Es war eine Motivation, die mit meiner Erziehung und meinen Werten vereinbar war. Nicht das Hohelied des Egoismus und des »Immer noch mehr«-

Materialismus wurde angestimmt. Sondern in mir wuchs die Einsicht, jetzt so viel Lebenszeit investiert zu haben, so viel Leiden, dass ich dafür meine restliche Lebenszeit später umso besser gestalten konnte, dass also mein Leiden sich später auszahlte – für neue Leidenschaften. Für meine neuen Aufgaben, meine Freunde, meine Familie vor allem. Ich begann plötzlich für etwas zu kämpfen, was vielleicht ein bisschen ideel klingen mag, was aber ein extrem starker Antrieb ist, vielleicht der stärkste, den ich kenne: für die Freiheit. Einer meiner Lieblingsfilme ist *Braveheart*, großartig. In der letzten Szene, die so lange dauert, in der Mel Gibson schluckt und kämpft, und dann noch einmal alles rausschreit: »Freeeeeeeei-heeeeeit!«

Freiheit ist so ein großes und schillerndes Wort. Ich spreche bewusst nicht von politischer Freiheit. Ich rede von der Freiheit, meine Lebenszeit zu gestalten, sie zu nutzen, und zwar in maximal großer Unabhängigkeit. Die absolute Unabhängigkeit, von der träume ich vielleicht manchmal, aber die meine ich hier nicht. Sondern die Unabhängigkeit in meinem kleinen Reich, das ich für meine Familie und mich erschaffen wollte. So wie ich mich vor Jahren als Ringer in einem Kuhstall bis zu einem gewissen Grad unabhängig gemacht hatte, so wollte ich mir einen Raum schaffen, den ich noch während meiner Karriere aufbauen und einrichten konnte und den wir nach meiner Karriere beziehen konnten. Mein, wenn man so will, ganz persönliches Traumschloss. Traumschloss, nicht Luftschloss. Mein Traumreich, hier bin ich König, hier bin ich glücklich, hier bin ich frei.

Das Leben ist kein Fertighaus

Wir sind inzwischen in unserem Traumreich in unser Traumhaus eingezogen, auch im wortwörtlichen Sinne. Nicht, dass es nicht genug Dinge gäbe, die noch fehlten. Das Leben ist kein Fertighaus. Und das heißt: Immer weiterwerkeln, alte Sachen austauschen, neue reinbringen. Wenn ich auf die Zeit nach meinem Karriereende als Ringer blicke, dann gab's da ziemlich viel Arbeit, aber es war ein Handwerk, das sich auszahlte. Ich habe den Sprung ins Business geschafft. Ich bin gefragt, vielleicht sogar noch mehr als zuvor, auf jeden Fall anders. Ich werde gefragt und gebucht, und das passt so. Ich ringe nicht mehr auf der Matte, sondern im Leben, und das macht mir Spaß. Wie schon zuvor arbeite ich mit Menschen zusammen, nun aber eben anders. Wie schon zuvor schaffe ich mir ein Umfeld, in dem ich Erfolg haben kann, aber es sieht anders aus. Auf der Matte wie auf der Bühne überzeugen nicht die Titel, sondern die Persönlichkeit und das, was du investiert hast.

Klar ist: Ein Weltmeistertitel macht keinen zweiten Weltmeistertitel, und so ist das auch in anderen Bereichen des Lebens. Nicht der Ringer Frank Stäbler muss überzeugen, sondern die Person Frank Stäbler. Ich würde sogar noch weitergehen: Ich bin und war nie Ringer. Ich habe gerungen – das ist ein riesiger Unterschied. Mein Beruf war zu ringen. Meine Passion war das Ringen. Aber ich war nicht Ringer. Dan Millmann hat einmal zu mir gesagt: »Du bist nicht Ringer, du praktizierst es nur.« Er fragte mich: »Und wer bist du denn noch, wenn ich dir fas Ringen wegnehme?« Was er sagen wollte und was ich damit meine: Ich war als Person nicht komplett ausgeschöpft. Frank, der Mensch, war immer mehr als Frank, der Ringer. Ich finde, dass sich darin extrem viel ausdrückt. Zugespitzt: Wer zulässt, dass er zum Ringer, zur Fußballerin, zum Manager, zur Lehrerin, zum Chef, zur Geschäftsführerin, zum Vorstand wird – je größer die Macht, umso ausgeprägter ist die Identifikation damit –, wer das also zulässt, der lässt sich etwas überstülpen, obwohl er viel mehr ist. Wir ringen, wir spielen Fußball, wir managen, wir lehren – und wir machen noch viel, viel mehr. Und um genau dieses »Mehr« geht es, wenn wir uns vorbereiten und vorsorgen. Während wir ringen, tun wir all das, was über den Ringer hinausgeht. Ein Paradox, das wir oft erst begreifen müssen, das aber extrem hilfreich ist, aus drei Gründen:

1. Wir sind motivierter
2. Wir gehen mit Niederlagen anders um
3. Wir spüren einen anderen Selbstwert

Gleich zu Punkt 1: Ich habe erzählt, dass ich kein Ass in der Schule war. Für mich zählten nur die Familie, die Freunde und der Sport. Zeitweise haben sicherlich die meisten – vermutlich sogar auch viele von denen, die mich sehr gut kannten – gedacht: Frank hat nur Ringen im Kopf. Sie hatten damit auch irgendwie recht. Doch als ich merkte und begriff, dass der Sport in diesem Abschnitt meines Lebens das Wichtigste, aber eben nicht alles ist, hat das neue Kräfte freigesetzt. Ich wusste, dass das jetzt gerade Prio Nummer eins ist und ich mich total fokussieren muss. Weil ich erstens mein Potenzial maximal nutzen und die Zeit voll ausschöpfen, auch genießen sollte. Und weil ich zweitens wusste, dass all das nur ein Teil von mir ist, dass ich damit auf später einzahle, dass selbst die größte Quälerei, selbst die dunkelsten Stunden irgendwann vorbeigehen. Weil ich eben mehr war als nur ein Ringer.

Damit hängt auch Punkt 2 zusammen: Wenn du ringst und verlierst, verlierst du auf der Matte, aber nicht im Leben. Wenn du im Viertelfinale ausscheidest, scheiterst du im Turnier, aber du scheiterst nicht im Leben. Sobald du zulässt, dass du nur Ringer oder Manager oder Lehrerin bist und sonst nichts, sind jede Niederlage, jedes gescheiterte Projekt, jedes verpasste Klassenziel ein persönliches Scheitern von dir als Person. Wenn du aber immer mehr bleibst und dich nicht vereinnahmen lässt, kannst du nie komplett scheitern. Das wiederum schenkt dir eine Gelassenheit, die dich frei macht und zusätzliche Kräfte freisetzt. Nichts saugt so viel Energie ab wie die Angst vor dem Scheitern. Charles Pépin hat das in seinem Buch *Die Schönheit des Scheiterns* super beschrieben: Er erzählt ziemlich am Anfang von einem Tennisfinale bei einer Junioren-Weltmeisterschaft vor vielen Jahren. Damals gewann am Ende das französische Wunderkind Richard Gasquet. Gasquet wurde ein erfolgreicher Tennisspieler, allerdings holte er nie einen Grand-Slam-Titel. Der Verlierer des Finales dagegen wurde nicht nur ein erfolgreicher Spieler, sondern ein Champion, eine Legende sogar. Sein Name: Rafael Nadal. An diesem Beispiel zeigt Pépin, wie wichtig Niederlagen sein können, manchmal sogar wichtiger als Siege. Dazu gehört auch, dass wir sie nicht als Scheitern, als menschliches Totalversagen begreifen – weil wir mehr sind. Dazu aber später noch mehr, im Kapitel »Ein Weltmeister verliert nicht«.

Noch kurz zu Punkt 3, der mit den beiden anderen zusammenhängt: Aus Erfolgen ziehen wir Selbstbewusstsein und aus Selbstbewusstsein ziehen wir Erfolge. Selbstwert hat damit zu tun. Doch es gibt kaum etwas Schöneres, als zu wissen, dass wir zwar in einem bestimmten Bereich sehr gut und erfolgreich sind, dass es aber noch einige andere Bereiche gibt, in denen wir uns ausprobieren können. Das klingt banal, ist aber gerade im Spitzensport keine Selbstverständlichkeit: Viele Athleten reduzieren sich selbst, verpassen gewissermaßen Punkt 1 und Punkt 2, und das wirkt sich auf Punkt 3 und den Selbstwert aus. Auch das können wir auf jeden Bereich des Lebens übertragen. Wer sich reduzieren lässt oder selbst reduziert (und hey: das kommt extrem häufig vor! Oft sind wir es selbst, die uns »nur« zum Ringer oder Fabrikarbeiter oder zur Krankenschwester machen, deshalb Vorsicht.), wer sich also reduzieren lässt, der reduziert auch seine Möglichkeiten. Mein Tipp: Akzeptiere nie dieses »nur«, schon gar nicht im eigenen Kopf. »Nur« ist keine Option.

- Mal eben so wird man nicht Champion, egal worin.
- Was du im Schatten erschaffen wirst, wird sich im Licht zeigen.
- Wir finden unsere innere Balance dann, wenn wir die Balance zwischen der Passion und dem Erfolg haben.

Fun and Work – Die drei Phasen einer perfekten Vorbereitung

Ihr habt es sicher gemerkt, das vorherige Kapitel war etwas grundsätzlicher, es ging genereller um die Themen Vorbereitung und Vorsorge. Oft werden mir aber viel konkretere Fragen gestellt, zum Beispiel: »Hey, Frank, wie sieht denn eine perfekte Vorbereitung auf ein Turnier aus?« Oder, gerade auch im Business-Umfeld: »Ist Vorbereitung nur Arbeit oder auch Spaß?« »Darf Vorbereitung überhaupt Spaß machen oder ist das echt nur Quälerei?«

Die Fragen sind total berechtigt und wichtig. Denn das treibt uns ja alle um, wie denn eine perfekte Vorbereitung aussieht. Doch wenn ich das beantworten will, stellt sich erst einmal die Frage, was der Begriff »perfekt« eigentlich meint. Passt er überhaupt? Ich glaube, »perfekt« trifft die Sache nicht so ganz. Zumindest nicht, wenn damit gemeint wird, dass alles nach Plan läuft. Das gibt es nämlich nicht. Zumindest habe ich das selbst nie so erlebt, und ich kenne auch niemanden, egal ob im Sport oder Business, der oder die komplett störungsfreie Verläufe von Projekten oder Turniervorbereitungen genießen würde. Gerade deshalb, ich habe es im vorherigen Kapitel erzählt, geben wir ja in jeder Einheit, in jedem Training, in jedem Seminar, in jedem Meeting Gas, bei jeder Kleinigkeit, und scheint sie auch noch so unwichtig. Vielleicht sollten wir also eher von einer »gelungenen« Vorbereitung sprechen.

Okay, werdet ihr jetzt sagen, dann halt »gelungen«. Also, wann ist eine Vorbereitung gelungen? Meine Antwort: Wenn du vorbereitet bist.

Na toll. Coole Antwort, die mich und euch so richtig weiterbringt, oder?

Was banal klingt, wird später noch klarer, wenn wir in die Turnier- oder Kampfzeit im übertragenen Sinne einsteigen, also wenn es darauf ankommt, auf der Matte oder im Büro oder sonst wo. Hier spreche ich über die Phase der Vorbereitung, die am Anfang stattfindet und auf der alles aufbaut. Gelingt sie nicht, gelingt auch der Rest und die gesamte Vorbereitung nicht. Mehr noch: Ich meine damit einerseits die konkrete Vorbereitung auf einen Kampf oder ein Turnier. Aber auch die Vorbereitung im übertragenen Sinne auf eine Karriere, im Sport oder Beruf, ganz egal.

Basics. It's all about basics!

Für mich persönlich war während meiner Ringerkarriere der erste Block des Jahres immer am schwersten. Im Winter werden die Weltmeister vom Sommer gemacht! Das war die Grundlagenphase, in der viel und langes Training anstand: lange Läufe, langes Krafttraining, langes Ringen. Nicht immer komplett am Limit im Sinne von intensiven Trainingskämpfen, sondern intensiv im Sinne von lang und mit sehr vielen Wiederholungen. Es ging darum, die Basics zu schaffen für das restliche Jahr mit seinen Herausforderungen. Diese Phase ist aus zwei Gründen so schwer:

1. Es wird wenig gekämpft, daher fehlt der Kick, die Bestätigung.
2. Der Wettkampf ist noch Monate entfernt, das Ziel noch weit weg.

Das ist in jedem Bereich so, in jedem Alter: Wenn unsere Tochter auf ihre Theateraufführung hinfiebert oder unser Sohn auf das Klaviervorspielen, dann vergehen gerade die ersten Tage nicht etwa wie im Flug, sondern eher so, als müssten sie durch die enge Stelle einer Sanduhr kriechen. Und später im Leben, wenn wir uns auf den Schulabschluss oder auf ein Vorstellungsgespräch oder eine wichtige Präsentation vorbereiten, ist das genauso. Wir müssen erst einmal das sprichwörtliche Einmaleins büffeln, das wir für diese Aufgabe brauchen. Wir müssen die Grundlagen verstehen und sie uns eintrichtern.

»Eintrichtern« ist wirklich ein gutes Bild: Am Anfang schütten wir oben in den Trichter alles irgendwie rein, doch wir sehen gar nicht, wohin das fällt. So ist es auch bei unserem Invest in der Grundlagenphase. Die Gefahr, dass die Motivation sinkt oder völlig verschwindet, ist gerade in dieser Phase verdammt groß. Weil wir nicht sehen, wie es vorangeht. Weil das Ziel deshalb gefühlt nicht näherkommt. Und weil, das ist dann das andere Extrem, wir uns vielleicht denken: »Na ja, Tag X ist noch so weit weg. Es ist noch so lang hin, da kann ich ruhig mal den einen oder anderen Tag gechillter angehen. Es geht ja nur um die Basics, die kann ich doch. Der Feinschliff kommt erst später.« Diese Haltung ist verständlich, und ich kenne sie nur zu gut von mir selbst. Nur: Ohne Grundlagen kein Feinschliff. Ich kann nichts schleifen, wenn nichts da ist. Das ist Selbstbetrug, und oft wissen wir eigentlich tief in uns drinnen, dass wir uns selbst belügen und betrügen.

In meinem jetzigen Leben ist das Grundlagentraining nicht weniger wichtig geworden. Ein gutes Beispiel dafür ist das Networking. Wir sagen ja, Netze zu knüpfen, das ist Basisarbeit! Du hast nicht plötzlich von einem Tag auf den anderen ein riesiges Netz, sondern du fängst hier an, sprichst dort mit jemandem, kommst mit der einen Person in Kontakt, die den Faden zu einer anderen weiterspinnt. Das kann Spaß machen, das kann aber auch extrem langsam gehen, Nerven kosten und Geduld erfordern. Geduld ist deshalb mit das Wichtigste in dieser Phase.

Ich habe damit zwei Jahre vor meinem Karriereende begonnen, hatte es also mit zwei Grundlagentrainingsphasen parallel zu tun: für das Ringerleben und für das Leben danach. Das war tough. Wenn ich beispielsweise abends nach dem Training komplett durch war, aber trotzdem noch zu einem Empfang gehen musste. Eigentlich wollte ich einfach nur relaxen, schlafen und Energie sammeln für die nächsten Einheiten am Tag darauf. Doch ich musste abwägen, ob zwei Stunden dort oder zwei Stunden Schlaf langfristig wichtiger wären. Und das, obwohl ich ja vom Netzwerken noch nicht so viel hatte und das Karriereende noch weit entfernt schien. Thema »Trichter«, ihr wisst schon. Wie häufig musste ich mich überwinden, wie oft bin ich abends noch einmal rausgefahren und habe versucht, etwas aufzubauen. Das hat selten wirklich Spaß gemacht – was übrigens nicht an den Leuten lag, sondern daran, dass ich einfach platt war. Und der Erfolg war auch alles andere als garantiert. Doch ich wusste: Bei vielleicht dreißig solcher größeren Treffen im Jahr bleiben möglicherweise fünf Sachen hängen. Das sind fünf Meetings, bei denen aus einer kleinen Überwindung wirklich etwas Größeres entstehen kann. Diese Beispiele habe ich immer wieder visualisiert, wenn es um solche Basics ging. Ich habe mir vorgestellt, wie ich in ein Meeting gegangen bin, mit wem ich gesprochen habe, was dabei herauskommen könnte, wie ich aus diesem Kontakt ein konkretes Projekt entwickle, wie dieses Projekt Erfolg haben könnte. Ein echt hilfreicher Tipp: Visualisiert das, was ihr auf euren Grundlagen aufbauen könnt. Und visualisiert das, was in der Vergangenheit aus einer oder mehrerer Grundlagen geworden ist. Ein echter Schub für unsere Motivation. Ein hoch wirksamer Mental-Powerriegel quasi.

Übrigens, weil es hier gerade so gut passt, ein kurzer Einschub: Das Thema »Basics und Vorbereitung« gewinnt noch viel mehr an Bedeutung, wenn man rauszoomt und nicht nur einen konkreten Kampf, sondern eine komplette Karriere in den Blick nimmt. Wer sich nicht früh die Grundlagen erarbeitet – und das sind in erster Linie technische –, der wird später nichts haben, worauf er aufbauen kann. Im Sport heißt das: Bis zu einem gewissen Grad reichen natürliche Athletik, Wille, Aggressivität und Taktik aus. Doch so wie eine begnadete Technikerin ohne Athletik, Wille, Aggressivität und Taktik nicht mehr weiterkommt, so wird jemand, der nur bolzen kann (so nennen wir das im Ringen, wenn in erster Linie mit Kraft und Aggressivität gekämpft wird), früher oder später an sein Limit geraten. Irgendwann ist auf einem bestimmten Level jede und jeder kräftig, schnell, aggressiv, taktisch geschult. Nicht alle gleich, aber doch vergleichbar. Dann entscheiden sehr oft der Wille und das mentale Können, davon handelt ja dieses Buch. Und auch die Technik, die Grundlagen. Nicht der fancy Kram, sondern wirklich die Basics. Das dürfen wir ruhig auch auf andere Lebensbereiche übertragen. Bei meinen Vorträgen und Coachings bin ich oft erstaunt, wie schnell manche Menschen die komplizierten Dinge angehen wollen, obwohl ihnen die Basics dazu fehlen. Deshalb erst einmal: Basics. It's all about Basics.

Wir müssen diese erste Phase überstehen, indem wir uns die oben aufgezeigten Gefahren klarmachen und nicht auf die bösen Teufelchen auf unserer Schulter hören, die uns einflüstern wollen, all das würden wir doch gar nicht brauchen. Und indem wir gleichzeitig versuchen, uns vor Augen zu halten, dass wir vielleicht noch nicht erkennen können, wie der Trichter voller und voller wird, dass es aber so ist. Das klappt natürlich leichter, wenn wir uns erstens (wie vorher beschrieben) Zwischenziele setzen und die kleinen Ziele feiern; wenn wir irgendwann eine Routine für diese Phase haben, an der wir uns wie an einem Geländer voranbewegen; und wenn wir andererseits in diese Phase kleine Abweichungen von der Routine einbauen, um Problem eins, den fehlenden Kick, kurzfristig zu lösen. Kleine Kicks können große Energie-Booster sein.

Weltmeister werden im Winter gemacht

Das bringt mich zu zwei anderen Abschnitten oder Schwerpunkten der Grundlagenphase, also dann, wenn es vor allem um Kraft oder Kondition geht. Diese Phasen habe ich gehasst, wenn ich ehrlich bin. Ich wollte ringen, ringen, ringen. Und nicht laufen, laufen, laufen – oder eben drücken, drücken, drücken. Doch ich habe schnell verinnerlicht, was später eines meiner wichtigsten Mantras wurde: Weltmeister werden im Winter gemacht. Und obwohl ich diese Phasen gehasst habe, war es für mich wichtig, meine kleinen Siege zu feiern und mit einem Lachen im Gesicht die Einheiten zu absolvieren. Aber was sage ich: Nicht obwohl, sondern weil muss es heißen! *Weil* das nicht meine Lieblingsphasen waren, war es für mich noch viel wichtiger, zu lachen und die Meilensteine zu feiern. Während ich im Techniktraining gar nicht genug bekommen konnte – der Bundestrainer erzählt heute noch davon, dass ich immer weitermachen wollte, selbst wenn die anderen schon längst unter der Dusche waren –, musste ich mich beim Konditions- und Krafttraining überwinden. Ich habe versucht, mir die kleinen Ziele zu setzen, manchmal nur ein Kilo mehr zu stemmen oder beim Laufen ein paar wenige Sekunden schneller zu sein. Was mir dabei auch geholfen hat, war, dass Leute dabei waren, mit denen ich mich in diesen Pausen unterhalten konnte. Am Anfang mein Coach oder auch mal mein Bruder Stefan, mein Opa oder einfach nur Kumpels, es mussten keine Ringer sein, Hauptsache, jemand war da und zog mich mit Good Vibes mit und durch. Später dann Trainingspartner wie Marius Braun und Mohammad Papi, die mich gezogen haben. Denn gerade dann, wenn es schwer und unbequem wird, ist das Sich-ziehen-Lassen enorm hilfreich. Wir dürfen nicht zu stolz sein und glauben, dass wir alles und immer mit größter Begeisterung machen. Es ist in Ordnung, sich an andere »dranzuhängen«. Falscher Stolz hilft hier nicht weiter, in keiner Phase.

Das sind die drei Schwerpunkte der Grundlagenphase. Mir ist es wichtig, dass wir verstehen, weshalb und wie diese Abschnitte und die Grundlagenphase im Gesamten wichtig sind. Nur so nehmen wir sie ernst und bleiben motiviert. Und ich hoffe, dass meine Tipps helfen, um diese Phase optimal zu nutzen und so zu einer gelungenen Vorbereitung zu kommen. An dieser Stelle ist mir eine Sache noch wichtig, nach der ich total oft gefragt werde und die ich mal platt so zusammenfasse: »Darf Vorbereitung auch Spaß machen? Oder ist eine gelungene Vorbereitung nur Quälerei pur?«

Also: Darf Vorbereitung auch Spaß machen? Sie darf es nicht nur, sie muss es sogar. Du kannst nicht gut in etwas werden, das du nicht liebst. Das ist eine Binsenweisheit, doch ich habe meine ganze Karriere über beobachten können, wie wahr sie ist. Ist man in irgendeinem Bereich ein großes Talent, liebt aber seinen Beruf oder diese Tätigkeit nicht, dann wird man vielleicht gut darin. Aber man wird sicher nicht der Beste. Spaß ist dabei unverzichtbar. Wir können nicht etwas lieben, wenn wir nicht auch Spaß darin haben. Das heißt nicht, dass wir die ganze Zeit vor Vergnügen jauchzen müssen, aber wir brauchen immer Spiel- und Spaßphasen. Als Kinder und genauso als Erwachsene.

Vielleicht dann sogar noch mehr, weil wir das Spielen und Spaßhaben manchmal verlernt haben. Das gilt auch für die Vorbereitung: Die ist zum Großteil eine spaßbefreite Phase. Doch ein bisschen Spaß muss sein. Ich habe deshalb immer auch darauf geachtet, eine gewisse Albernheit oder Scherzereien zwischen den Einheiten beizubehalten.

Die Vorbereitung ist deshalb eine Gratwanderung. Mein Coach hat dazu immer gesagt: »Blut, Staub und Dreck fressen.« Es geht darum, wieder demütig zu werden, auch das zu machen, was keinen Spaß macht, wieder zu lernen, sich durchzubeißen. In jedem Lebensbereich. Zugleich müssen wir aber Wege finden, wie wir selbst in diesen Zeiten Spaß haben. Vielleicht ist nicht jeder so drauf wie der berühmte südafrikanische Golfer Gary Player, der gesagt hat: »Je mehr ich trainiere, desto glücklicher werde ich.« Aber ein bisschen davon sollten wir uns vornehmen.

- Weltmeister werden im Winter gemacht.
- Ohne Grundlagen kein Feinschliff. Ich kann nichts schleifen, wenn nichts da ist.
- Visualisiert das, was ihr auf euren Grundlagen aufbauen könnt. Und visualisiert das, was in der Vergangenheit aus einer oder mehreren Grundlagen geworden ist.

Secret Power – Was das Umfeld wirklich ausmacht

In den vorherigen Kapiteln haben wir darüber gesprochen, wie wichtig Vorbereitung und Vorsorge sind. Ein entscheidender Teil der Vorbereitung wie auch der Vorsorge, der bislang zwar nicht ausdrücklich angesprochen wurde, der aber immer mitschwingt, soll hier in diesem Kapitel erwähnt werden. Er ist mir wichtig, auch, um meinem Umfeld zu danken und anderen zu zeigen, welche Secret Power im Umfeld steckt oder stecken kann.

Ich habe erzählt, dass ich nicht den klassischen Weg eines Nationalringers gegangen bin. Der wäre über Fördergruppen, Olympiastützpunkte und andere Einrichtungen verlaufen. Als ich 2006 Dritter bei der Kadetten-Europameisterschaft wurde – »Kadetten« ist in unserem Sport der Begriff für die A-Jugend –, stand eigentlich der Wechsel an den Olympiastützpunkt in Schifferstadt an. Alle, die dort waren, waren Profis, Sportsoldaten, deren Tag aus Essen, Training und Schlafen bestand. Schifferstadt ist so etwas wie das Mekka des deutschen Ringsports. Legendär ist Wilfried Dietrich, der »Kran von Schifferstadt«, einer der größten Cracks des deutschen Ringens, der auch international bekannt und berühmt wurde. In Schifferstadt also sollte ich mit meinen Nationalmannschaftskameraden die nächsten Schritte machen – eigentlich. Denn uneigentlich wollte ich das nicht. Mehr noch: Mein Trainer und Mentor, Andi Stäbler – wir sind nicht verwandt oder verschwägert –, wollte das auch nicht. Er kannte den Stützpunkt sehr genau. Und vor allem: Er kannte mich sehr genau, zu diesem Zeitpunkt vielleicht sogar noch genauer als ich mich selbst. Andi war der festen Überzeugung, dass weder der Wechsel noch der Stützpunkt an sich für mich und meine Entwicklung das Richtige wären. Das soll nichts über Schifferstadt als Ringerzentrum oder über die Trainer, die Trainingspartner und das Training aussagen. Für andere mag Schifferstadt perfekt gewesen sein. Für mich aber eben nicht. Weil ich mein komplettes Umfeld verloren hätte, das mir meinen gesamten Antrieb gab. Meine Familie, meine Freundin, meinen Coach, meine Freunde und meine Heimat. Alle wären zu weit weg gewesen. Also blieb ich. Und wir holten mich auf anderen Wegen aus meiner Komfortzone heraus.

Ich blieb also daheim, bei meinem Heimatverein und meinem Heimattrainer. Ja, ich weiß, was jetzt viele sagen werden: »Man muss doch raus, raus aus der Komfortzone, damit man seine Erfahrungen machen kann.« Das stimmt sicherlich, und auch ich habe die Erfahrungen gemacht, dass wir aus der Komfortzone ausbrechen müssen. Zugleich ist das so eine Floskel, die man immer wieder überall lesen oder hören kann. Ich frage mich: Was genau soll das bedeuten? Was ist denn damit gemeint, wenn von der Komfortzone die Rede ist? Ist sie wirklich nur unsere gewohnte Umgebung, unser gewohnter Trott, unser Alltag? Sind damit unsere Routinen gemeint, die immer gleichen

Menschen? Oder gibt es auch eine andere Komfortzone, eine innere, die uns weit mehr einengt und beschränkt als die äußere?

Meine Erfahrung ist: Wenn du in deinem Leben etwas haben möchtest, das du noch nie zuvor hattest, dann musst du dafür auch etwas tun, was du zuvor noch nie getan hast. Doch das bedeutet nicht zwangsläufig, dass wir alles um uns herum ändern müssen. Oft genügen Kleinigkeiten, manchmal bedarf es größerer Veränderungen, doch nur ganz selten müssen wir einen harten und radikalen Cut machen.

Ich habe damals – und das ist bis heute so – immer wieder Changes durchgeführt; ich war immer begierig, Neues zu lernen, unorthodoxe Methoden auszuprobieren, das zu versuchen, worauf noch keiner gekommen ist oder was sich niemand getraut hat. Doch dafür braucht es Stabilität und Konstanz. Stabilität und Konstanz, dieses Duo ist für mich der Schlüssel zum Erfolg. Wenn du wieder und wieder Griffe übst, sitzen sie irgendwann, auch unter Druck. Hier ist noch anzumerken, dass »Übung macht den Meister« nicht richtig ist, sondern: »Richtiges Üben macht den Meister.« Und wenn dieses Fundament steht, kannst du auch neue Griffe versuchen oder spektakulärere Aktionen. Weil du weißt: Ich bin stabil. Ähnlich ging es mir damals bei der Frage, ob ich nach Schifferstadt wechseln sollte oder nicht. Ganz sicher hätte ich neue Erfahrungen gemacht und einen guten Input bekommen. Doch für das, was ich aufbauen und erreichen wollte, was so noch niemand in Deutschland vor mir erreicht hatte, brauchte ich ein sicheres, stabiles Fundament. Und das war für mich vor allem mein

Umfeld. Meine Heimat. Ich blieb deshalb scheinbar in der Komfortzone, aber nur, um mich aus der Komfortzone zu begeben. Klingt paradox, doch das ist ein wichtiges Learning: Manchmal brauchen wir eine äußere Komfortzone, wenn wir unsere innere verlassen. Und das tat ich.

Vom Umfeld zum Mitfeld

Im Alter von vierzehn Jahren begann für mich eine Zusammenarbeit, die mit der Zeit immer enger und immer erfolgreicher wurde und die sich zu einer entscheidenden Säule meiner Karriere entwickelte. Im Jahr 2004 – ich hatte meinen Traum vom deutschen Meistertitel nur als Zettel an der Wand hängen – startete ich mein Training mit Andi Stäbler. Wir konnten direkt miteinander, obwohl ich damals in Musberg, meinem Heimatverein, nicht das allergrößte Talent war. Andi aber sah etwas in mir und begann mich zu fördern. Er sorgte mit dafür, dass Musberg wirklich mein Heimatverein wurde – mit Betonung auf »Heimat« – und es auch blieb, als die eben angesprochene Entscheidung über einen Umzug nach Schifferstadt anstand. Es gibt noch ein paar Details, wie es damals bei uns losging: zwei Handtücher, die Andi mir nach unserem ersten großen gemeinsamen Erfolg, dem deutschen Meistertitel, schenkte. Davor hatten wir erst wenige Monate zusammengearbeitet, und mein Heimtrainer Andi war dabei, als ich wegen der Mandeloperation, von der ich bereits geschrieben habe, fast das Turnier verpasst hätte. Andi hat in dem Buch, das Daniel Meuren über mich geschrieben hat, einmal gesagt: »Wir mussten uns ganz vorsichtig rantasten, damit da nichts aufbricht. Ich habe Frank in dieser Situation sehr viel Eigenverantwortung übertragen mit Trainingsplänen und genauen Belastungsangaben. Als ich gesehen habe, wie gewissenhaft er das abgearbeitet hat, da merkte ich als Trainer, wie viel ich von ihm zurückbekomme, und da wurde unsere Trainer-Sportler-Beziehung zu etwas ganz Besonderem.« Kann man wohl so sagen, Coach.

Warum ich das an dieser Stelle erzähle? Weil Andi es mir als Coach ermöglichte, eigenständig und eigenverantwortlich zu denken, zu arbeiten und zu kämpfen. Und nur aufgrund dieser Eigenständigkeiten war ich in der Lage, mich gegen den scheinbar zwangsläufigen Schritt zum Olympiastützpunkt und in die Bundeswehr-Sportfördergruppe zu entscheiden und den beschwerlicheren Weg daheim zu gehen. Auch wenn ich diese Entscheidung bei weitem noch nicht so reflektiert und strategisch traf, wie ich heute an so etwas herangehen würde, legte ich damals mit dem los, was später zu meiner Erfolgsformel und sogar meinem Markenzeichen wurde: Ich begann, mein Umfeld so zu gestalten, dass ich als Sportler und Mensch wachsen konnte. Ich wurde nicht durch Strukturen fremdbestimmt, in die ich mich hätte einfügen müssen, sondern ich schuf Strukturen, die zu mir passten, die das Beste aus mir rausholen sollten, als der Frank, der ich bin und der ich wurde.

Ich wusste, dass ich ein Risiko einging. Würde der Erfolg ausbleiben, dann würden die Kritiker sofort zur Stelle sein. Und das waren sie ja auch im Vorfeld mit Weisheiten wie:

»Ah, hat sich der Junge ein bisschen überschätzt.« Oder: »War ja klar, warum sollte er es besser wissen.« Oder: »Endlich mal wieder auf dem Boden der Tatsachen, manche lernen es halt nur auf die harte Tour.« So etwas in der Art. Doch ich ging das Risiko bewusst ein, weil ich spürte, dass ich ein anderes Umfeld brauchte als andere Sportler. Oder, um es etwas provokant zu sagen: Ich glaube, viele Sportler wissen gar nicht, welches Umfeld sie wirklich dazu bringt, die beste Version von sich selbst zu werden. Weil sie es nicht versuchen. Weil sie sich einfügen, ohne zu hinterfragen. Weil sie das Risiko nicht eingehen wollen, zu scheitern. Ich meine damit gar nicht, dass Strukturen, wie sie in Schifferstadt geboten werden, per se falsch sind, überhaupt nicht. Aber sie sind auch nicht automatisch richtig für jede und jeden. Das herauszufinden, das ist aus meiner Sicht die Aufgabe jedes Sportlers – und es ist zentral für die Frage nach Erfolg.

Mein Umfeld, das waren von Anfang an meine Familie, meine Eltern und meine Freundin. Dann meine Freunde, meine Trainingspartner und mein Coach. Später kamen immer mehr Leute dazu. Es heißt, man sei die Summe der Menschen, mit denen man sich am engsten umgibt. Da ich ein Einzelkämpfer bin und allein auf der Matte stehe, glauben ganz, ganz viele Menschen, ich sei eine One-Man-Show und würde nicht viel drum herum brauchen. Diese Leute sind so weit weg von der Realität. Ich hatte verstanden: Damit ich meinen Traum leben, Weltmeister werden und bei Olympia eine Medaille gewinnen konnte, musste alles optimal sein, bis ins kleinste Detail. Das galt auch für mein Umfeld. Und ich hatte mir ein Umfeld von gut dreißig

Menschen aufgebaut, die nah an mir dran waren: Sponsoren, Management, Ärzte, Physiotherapeuten, zuletzt meine Mental-Trainer und mein Atem-Coach. Und meine Arbeitgeber, Kollegen und Mentoren. Ich nenne hier keine Namen, die Liste wäre zu lang, und alle Angesprochenen wissen, wie dankbar ich ihnen bin. Was ich damit nur sagen will: Ich blieb in meinem heimischen Umfeld, weil ich spürte, dass ich dort, ganz nah an meinen Wurzeln, am besten wachsen würde. Doch das bedeutete im Umkehrschluss, dass ich mir die Dinge holen musste, die es dort nicht automatisch gab. Zum Beispiel Trainingspartner, die zu uns nach Musberg kamen und mit denen ich besser werden konnte. Ich bin noch heute happy, dass Athleten aus Schifferstadt oder anderen Stützpunkten zu uns kommen konnten und durften und wollten – oder auch Ringer aus Armenien, Russland, Iran, Polen, Rumänien, Georgien oder der Ukraine. Sonst hätte das nie geklappt. Gut, meine ersten Sponsoreneinnahmen waren dadurch natürlich wieder futsch. Doch das Geld war mehr als gut investiert.

Eines war mir bei der Gestaltung meines Umfelds mit am wichtigsten: Ich habe versucht, mich nicht mit negativen Menschen zu umgeben. Ich brauchte und brauche immer noch Menschen, die mir ehrlich sagen, wenn etwas schiefläuft und nicht gut ist. Doch was ich nicht brauche, sind Bedenkenträger oder Träumeverhinderer. Ich brauche niemanden, der mir meine Energie raubt, sondern ich suche Menschen, die mir Energie geben. Mit denen im besten Fall aus 1+1 nicht 2, sondern mindestens 3 oder noch besser 10 wird. Geteilte Energie – das ist wie mit der

Freude – kann doppelte oder noch mehr Energie werden. Und zwar auf beiden Seiten. Denn wenn wir nichts zurückgeben, wenn wir selbst nur Energiesauger sind, saugen wir unser Umfeld aus. Deshalb lautet mein Rat nicht nur an Sportler, sondern an alle, die Leistung bringen wollen: Gebt etwas zurück! Wer nur nimmt, der braucht stets neuen »Nachschub«. Nur wenn wir gegenseitig geben, können wir auch gegenseitig nehmen und gemeinsam wachsen. Stellt euch das wie in einem Trainingskampf vor: Wenn beide nur mauern, nichts machen wollen, wenn keiner auch einmal ein Risiko eingeht, dann entwickelt sich nichts. Wir sind Trainingspartner, nicht Trainingsgegner. Ganz viele kapieren das nicht – und das gilt für uns Sportler genauso wie in einer Firma oder Freundesgruppe. Nur wenn wir Partner sind, wird aus dem Umfeld ein Mitfeld.

Überhaupt: Das Umfeld-Mitfeld ist nicht nur für Sportler wichtig, sondern es wirkt sich in jedem Job und in jeder Leidenschaft aus. Mein Tipp: Wenn ihr eure Ziele definiert habt, überlegt, was das für euer Umfeld bedeutet. Wer hilft mir, wer schadet mir? Wer schiebt mich an, wer hält mich zurück? Wer gibt mit mir Vollgas, wer bremst? Um ehrlich zu sein: Solche Gedanken können auch weh tun. Denn vielleicht erkennen wir, dass die Jugendfreundin oder der Langzeitkollege uns am Ende eigentlich nicht guttut. Dass das ewige Sich-Auskotzen über die Chefin nicht dazu führt, dass wir uns besser fühlen oder erleichtert sind, sondern dass wir uns beide gegenseitig nur in unserer miesen Stimmung verstärken. Wollen wir da rauskommen, braucht es manchmal einen Cut, vielleicht auch einen menschlichen. Das klingt berechnend, doch es gehört dazu, wenn wir uns verbessern und bestimmte Ziele erreichen wollen. Ich würde das auch kommunizieren und versuchen, rauszuhören, was das bewirkt: »Du, sag mal, mir ist da was aufgefallen: Geht es dir auch so, wir ziehen unsere Energie eher zusammen runter anstatt hoch. Sollen wir mal versuchen dies gemeinsam zu ändern?« Vielleicht denkt ja die Kollegin das exakt Gleiche über mich und hatte bloß noch nicht den Mut, es anzusprechen. Vielleicht können wir uns dann beide rausziehen aus dem Tief. Und wenn nicht, dann braucht es eben den Cut.

Schlechte Schlagzeilen – besser als gar keine?

Ich erinnere mich in diesem Zusammenhang an einen Kumpel, der unbedingt abnehmen wollte. Ich riet ihm, sich Ziele zu setzen, die er in seinem Freundeskreis kommunizieren sollte. Er hörte auf mich, und es gelang ihm, das Interesse in seinem Umfeld zu wecken. Viele sagten zu ihm: »Krass, cool, wenn du irgendwas brauchst, ich unterstütze dich.« Damit konnte er sein Umfeld neu generieren, er konnte sich Unterstützung holen und Menschen gewinnen, die ihm halfen: »Hey, komm, zieh durch, das geht weiter, halt dich ran, jetzt keine Rückfälle zu bekommen.« Irgendwann stellte er fest, dass manche, denen es egal war, ob er abnahm oder nicht, einfach nicht mehr da waren. Und plötzlich bestand sein Freundeskreis vor allem aus Leuten, die ihn unterstützten, die selbst abnehmen wollten oder grundsätzlich auf Ernährung, Schlaf und Sport achteten und auf andere Sachen, die in diesem Zusammenhang wichtig waren. Mein Kumpel hatte das nicht so strategisch wie ich betrieben, eher unterbewusst, aber allein das hatte sein Umfeld schon verändert.

Das ist kein Beispiel aus dem Leistungssport, aber vielleicht zeigt es gerade deshalb, dass in allen Bereichen des Lebens unser Umfeld eine entscheidende Rolle spielt, vor allem bei der Vorbereitung. Wer im Beruf Karriere machen will, muss sich überlegen, wer ihm dabei hilft. Und zwar nicht in dem Sinne, dass wir von einem Vorgesetzten gefördert werden und auf seinem Ticket an die Spitze fahren. Nein, sondern in dem Sinne, dass wir in der Familie, im Freundeskreis und eben im Job Menschen finden, die unsere Ziele teilen, die uns dabei helfen und die stolz auf uns sind, wenn wir sie erreichen. Was gibt es denn Schlimmeres als eine Freundin, der du von deinem Traum erzählst und der das alles egal ist? Oder einen Freund, der nach deinem größten Triumph oder deiner Beförderung nicht vor Freude ausrastet und dir nur halbherzig gratuliert? Jeder, der das mal erlebt hat, weiß, wie viel Energie und Freude das rauben kann. Als ob man den Stecker ziehen würde. Furchtbar – glaubt mir, solche Begegnungen hatte ich zur Genüge.

Neben den Personen, den Energiegebern statt den Energiesaugern, gehören für mich noch andere Faktoren zu einem Umfeld, in dem wir Leistung bringen können. Da wäre zum Beispiel die Fokussierung und das Thema der guten Gedanken. Als ich neulich eine Grundschule besuchte, fragte ich die Kids, wer denn ein Handy dabei habe. Ergebnis: neunzig Prozent. Mich hat das nicht überrascht, aber gut fand ich es nicht gerade. Ich bin zwar kein Technikverächter, doch uns muss klar sein, dass vor allem das Handy der Fokussierungsfeind Nummer eins ist. Weil wir von Informationen überflutet werden, die unser Unterbewusstsein prägen. Wir lenken uns nicht nur in dem Moment ab, in dem wir zum Handy greifen, sondern die News (und das sind eh meistens keine guten!) wirken in uns nach. Und wir geben uns selbst das Gefühl, immer für alle und alles erreichbar zu sein, nur nicht für uns selbst.

Nachdem ich zum Beispiel 2015 zum ersten Mal Weltmeister geworden war und 2016 plötzlich die Olympischen Spiele in Rio de Janeiro anstanden und ich Goldfavorit war, wuchs der Druck von Tag zu Tag. Die öffentliche Aufmerksamkeit wurde immer größer, die Medien interessierten sich immer mehr für mich und meine Karriere. Ich konnte mich irgendwann nicht mehr richtig aufs Training konzentrieren, der Fokus war futsch. Als ich das bemerkte, wandte ich mich an einen Mentaltrainer und erzählte ihm davon. Ich fragte ihn: »Hey, wie kriege ich das wieder hin?« Er sagte mir: »Du musst anfangen, ein Schutzschild um dich herum aufzubauen, eine imaginäre Wand, ein Schild, hinter dem du reine Positivität zulässt. Für dieses Ziel, das du hast, darfst du nichts Negatives an dich rankommen lassen, jeder negative Impuls klaut dir die Energie, die du für diesen Weg brauchst.«

Okay, aber was sollte das konkret bedeuten? Er fragte: »Wie sieht es bei dir zum Beispiel mit deinem Handygebrauch aus?« Na ja, zu viel halt, wie bei den meisten Menschen vermutlich. Und genau dort setzten wir an: Mehrere Wochen vor den Olympischen Spielen reduzierte ich meinen Handykonsum extrem, WhatsApp schrieb ich nur noch mit Familie, ich löschte alle Social-Media-Accounts auf dem Handy, kein Instagram, kein YouTube, kein E-Mail-Postfach, kein Facebook oder andere Sachen mehr. Ihr könnt mir glauben: Das war brutal schwer, am Anfang fast nicht auszuhalten. Ich fühlte mich isoliert. Doch genau darum ging es: Für eine bestimmte Zeit unter den Schutzschild zu kommen. So konnte ich mich wieder fokussieren und optimal vorbereiten. Zugleich kapierte ich jetzt erst, wie fremdgesteuert ich durch das Handy war. Ich hatte mein Umfeld selbst gestaltet, ließ es aber zu, dass so ein kleines elektronische Ding mich komplett bestimmte. Nicht ich hatte das Handy in der Hand, sondern das Handy mich. Dabei fiel mir besonders auf, dass ich wieder und wieder in die Tasche griff, suchte, und natürlich mit der leeren Hand ohne Handy wieder rauskam. Obwohl ich es bewusst nicht dabeihatte, war das Handy noch irgendwie »in mir drin«. Es dauerte, bis ich das verändert hatte.

Als wir dort angesetzt hatten, bohrte mein Coach weiter: »Wie sieht es bei dir mit den Nachrichten aus?« Ich guckte die Tagesschau, hörte Radio und scrollte durch die Nachrichten, man muss ja wissen, was in der Welt abgeht. Mein Coach hörte zu und gab mir eine schöne Aufgabe: Ich sollte am nächsten Morgen ganz bewusst in der Zeitung mit Textmarkern die negativen Schlagzeilen rot kennzeichnen und die positiven grün. Ihr ahnt es: Fast die ganze Zeitung war rot. Abends zählte ich dann bei der Tagesschau mit, ein ähnliches Ergebnis. Krass. Der Rat meines Coaches war, auch den News-Konsum einzuschränken. Ich widersprach, ich musste doch weiter informiert sein, sonst könnte ich ja überhaupt nicht mehr mitreden und stünde dumm und unwissend da. Er meinte nur: »Das wirklich Wichtige wirst du sowieso auf menschlicher Ebene mitbekommen. Doch der unterbewusste Konsum von negativen Nachrichten beeinflusst dich.« Das stimmt: Wir spüren oft nicht, welche negative Energie wir aufsaugen und wie sie sich in unserem Unterbewusstsein festsetzt.

Eine Frage dazu. Kennt ihr das: Ihr habt wieder die Nachrichten geschaut, und es fühlt sich an, als ob die ganze Welt unterginge? Überall Kriege, Amokläufe, Börsenchrashs, Vergewaltigungen, Corona-Auswirkungen, Staatsschulden, Inflation, Flüchtlingskrisen. Alles scheint irgendwie kaputt, und das vermittelt einem oft das Gefühl, dass es sich überhaupt nicht mehr lohnt, Gas zu geben. Ich möchte die grausamen Dinge, die in der Welt passieren, nicht verharmlosen oder schönreden. Aber ich möchte mich auch nicht von ihnen steuern und beeinflussen lassen. Für mich gilt hier: Verändere, was du verändern kannst, und akzeptiere, was du nicht verändern kannst. Ich glaube, wenn wir selbst damit beginnen, positiv durchs Leben zu gehen und zu strahlen, dann ist das der erste Schritt, die Welt ein kleines bisschen besser zu machen. Und dann natürlich auch selbst anzupacken.

Ich weiß, was ihr jetzt denkt: »Ach, Gott, kein Handy, keine Nachrichten, das mag ja vielleicht in den Wochen vor den Olympischen Spielen für einen Leistungssportler gehen, doch im Alltag in einem normalen Beruf, da ist das völlig unrealistisch.« Mein Tipp: Einfach ausprobieren. Ich predige ja nicht die komplette digitale Enthaltsamkeit. Ich habe nur die Erfahrung gemacht, dass wir alles, was uns umgibt und womit wir uns umgeben, prüfen sollten. Und dazu gehören auch Gewohnheiten wie Handykonsum oder Fernsehen. Es gibt doch den schönen Spruch: »Think big, think positive.« Ich würde sagen: »Live big, live positive.« Je positiver wir leben, desto mehr Energie haben wir. Und wir müssen uns immer wieder klarmachen, dass es die geheimen Energiesauger sind, die Großes verhindern. PS: Ich habe seit diesem Tag im Jahr 2016 kein Fernsehen mehr geschaut und so gut wie keine Nachrichten mehr konsumiert. Und hey, ich hab trotzdem alles Wichtige mitbekommen und konnte mitreden.

Das ist wie beim Essen mit versteckten Kalorienbomben oder anderen Energiefressern. Wir spüren das vielleicht gar nicht, wenn wir sie mit Genuss konsumieren, womöglich schmecken sie uns auch. Doch wenn wir dann mal auf die Nährwertangaben gucken, kapieren wir, was wir da in uns hineinschlingen. So ist es auch mit den negativen und positiven Gedanken: Am gefährlichsten sind die, die wir nicht bemerken. Deshalb sollten wir bei unserem Umfeld immer überlegen: Was brauche ich, was tut mir gut – und wo sind die offenen und gerade auch die versteckten Energiesauger? Wenn wir sie aussortieren, sind wir auf dem besten Weg zu mehr Energie und mehr Erfolg. Auch wenn das am Anfang alles andere als leicht ist. Jede Wette: Wir spüren das Energieplus ziemlich schnell. Bei uns selbst und sicher auch bei den Menschen, die unser Umfeld ausmachen. Denn, noch einmal erinnert: Nur wenn wir Energie teilen, werden wir von Energiesaugern zu Energieträgern. Menschlicher Traubenzucker quasi.

- Manchmal brauchen wir eine äußere Komfortzone, wenn wir unsere innere verlassen.
- Nur wenn wir gegenseitig geben, können wir auch gegenseitig nehmen, gegenseitig wachsen.
- Verändere, was du verändern kannst, und akzeptiere, was du nicht verändern kannst.
- Nur wenn wir Energie teilen, werden wir von Energiesaugern zu Energieträgern.

Kleine Siege machen groß

Kennt ihr das? Nach einer Schulaufgabe klagt die Klassenbeste wie irre, bei ihr sei es so schlecht gelaufen, einen kompletten Blackout habe sie gehabt. Und dann, Wunder, o Wunder, zwei Wochen später ein fettes Grinsen. Einen Einser hat sie. Nein, so etwas, damit habe sie ja gar nie gerechnet. O man, das hat mich immer fertiggemacht. Vor allem, weil ich in der Schule eher nicht zu den Einserkandidaten zählte. Dabei hatte ich gar nicht so sehr etwas dagegen, dass die Klassenbeste wieder ihren Einser eingefahren hatte, abgesehen von ein wenig Neid. Sondern eher gegen das Getue vorher. Den Einser hätte man dagegen richtig feiern können, vielleicht sogar müssen. Denn das war für mich extrem wichtig und ist eine der besten Quick-Wins, die ich in meinen Coachings weitergebe: Feiere deine Siege und feiere dich. Und zwar nicht nur für den großen und überwältigenden Sieg. Sondern für jeden kleinen Sieg.

Bevor wir über die wahre Kunst, die kleinen Siege zu feiern, sprechen, noch einmal kurz zu dem Beispiel von eben. Solche Verhaltensweisen und Taktiken kommen ja nicht nur in der Schule vor, sondern überall im Leben. Rein psychologisch ist das auch nachvollziehbar: Indem wir tiefstapeln, fallen wir vermeintlich weicher. Wer nicht hoch hinaus will, stürzt auch nicht tief. Wer sich hinstellt und sagt, dass sie oder er in spätestens drei Jahren befördert werden will, wer eine Promotion nicht unter »Summa cum laude« abschließen will, der riskiert es, im Nachhinein als Schwätzer abgestempelt zu werden. Insofern ist es völlig menschlich und verständlich, wenn man das Risiko nicht eingehen möchte. Lieber leisetreten statt krachend scheitern.

Nur: Das ist keine Denkweise für Champions. Denn wenn wir vorher bereits nach Rechtfertigungen suchen, beeinflusst uns das und bremst uns unbewusst aus. Wir erlauben uns eine innere Entschuldigung, statt voller Überzeugung unser Ziel zu nennen und dazu zu stehen, egal was passiert. Und, fast noch schlimmer: Wir machen uns vom Resultat abhängig. Das ist das Paradoxe, was viele nicht sofort sehen. Indem wir tiefstapeln, räumen wir nicht nur ein mögliches Versagen von vornerherein ein, sondern wir erlauben auch, dass das Verpassen von Zielen automatisch als Versagen gilt. Wir selbst stempeln uns innerlich als Versager ab, bevor wir überhaupt verloren haben. Dabei müssen wir genau andersherum denken, um die Freiheit und Leichtigkeit zum Siegen zu haben: Wenn wir alles getan haben, was in unserer Macht steht, dann entscheiden nicht der Erfolg oder Misserfolg darüber, ob wir Champions sind oder Loser. Wer sich zu seinen Zielen bekennt, wer alles für sie tut und sie am Ende verpasst, der hat zwar nicht den maximalen Erfolg, noch nicht; sie oder er sind aber ganz sicher schon jetzt Champions. Denn nicht jeder Champion steht immer auf dem obersten Treppchen.

Ich habe schon davon erzählt, dass es extrem hilfreich ist, sich Zwischenziele zu stecken. So ist das auch mit den Siegen und Erfolgen. Wenn wir immer wieder kleine Siege feiern, geben wir uns damit zwei Faktoren in die Hand: Erstens stecken wir uns die Strecke bis zum Ziel ab und können dadurch kontrollieren und erkennen, ob und wie wir vorankommen. Ich würde deshalb auch nie sagen: »Schau nicht zurück, sondern nur nach vorne.« Quatsch. Schau zurück, denn dann siehst du, was du schon geschafft, welche Hindernisse du überwunden und welche Strecke du schon zurückgelegt hast. Damit rufst du dir selbst zu: »Hey, siehst du, du kommst voran. Da geht was!« Und wenn es schwierig wird, spornst du dich damit an: »Schau mal, was du schon gepackt hast. Dann wirst du doch jetzt nicht aufgeben wollen. Sonst waren all die Meter vertan. Komm, pack noch ein paar Meter drauf, das geht.«

Das heißt gerade nicht, dass wir die Fehler und Schwierigkeiten, die hinter uns liegen, einfach ausblenden. Natürlich müssen wir sie analysieren, und wenn es uns gelingt, sie in der Zukunft zu verhindern, dürfen wir auch dankbar für sie sein. Wenn wir kleine Siege feiern, dann gelingt es uns viel besser, die Fehler anzuerkennen und sie zu nutzen, um besser zu werden und vielleicht auf dem nächsten Abschnitt des Weges schneller oder einfacher voranzukommen. Um im Bild zu bleiben: Wenn wir gerade einen steilen Aufstieg geschafft haben, sollten wir durchatmen und kurz die Pause und das Zurückgelegte genießen. Wir sollten die Kraft und Euphorie für den nächsten Abschnitt nutzen und kurz davor noch einmal zurückschauen und überlegen, welche Fehler wir gemacht haben – dann werden wir sehr wahrscheinlich an ähnlichen Stellen, an denen wir es vorher schwerer hatten, diesmal leichter vorankommen. Weil wir wissen, was wir besser machen müssen und dass wir sie schon einmal bezwungen haben.

Der zweite Faktor ist die Motivation, die wir aus den kleinen Siegen und dem Feiern gewinnen. Wir belohnen uns selbst für den Schweiß, den wir vergießen, für die Stunden, die wir opfern, für all die Partys und Abendessen und anderen angenehmen Sachen, die wir vielleicht nicht genießen können. Für all die Opfer und Entbehrungen, die wir im Vorfeld gebracht haben. Jeder kleine Sieg ist eine Art Vorgeschmack auf das Bergfest auf dem Höhepunkt, das wir feiern. Etwas, was uns belohnt und gleichzeitig hungrig auf den großen Sieg macht.

Spaßbremsen werden keine Champions

Ich habe die Kunst, die kleinen Siege zu feiern, über die Jahre perfektioniert. Ich bin ein Erfolgsmensch und ergebnisorientiert. Deswegen habe ich immer persönlich Spaß gehabt, wenn ich die Leitziele erreicht habe. Um ehrlich zu sein, damit bin ich vielen auch ziemlich auf die Nerven gefangen. Oder ich wurde ausgelacht, wenn ich ein stinknormales Training gefeiert habe. Oder auch nur eine starke Aktion, einen spektakulären Wurf, einen Punkt kurz vor Kampfende. Fäuste ballen, den Sieg herausschreien, kurz mal richtig die Freude raushauen: Auf viele hat das zumindest etwas übertrieben und übermotiviert oder sogar egozentrisch und angeberisch gewirkt. Ich wusste das und deshalb war es gar nicht immer so leicht, meine Siege weiter zu feiern. Wer will schon für einen Angeber gehalten werden?

Doch unser Bundestrainer, Michael Carl, hat einmal zu mir gesagt: »Fränky, ich habe noch nie einen emotionaleren Fighter als dich gesehen. Ich habe noch nie gesehen, wie jemand nach einem letzten Punkt in einem Trainingskampf so durchdrehen konnte, wie du.« Das war keine Kritik. Das war am Ende ein Lob. Natürlich wurde ich auch ab und zu gefragt: »Warum rastest du denn so aus? Du hast doch gerade keine Weltmeisterschaft gewonnen oder eine Medaille bei Olympia. Mach mal langsam.« Meine Antwort: »Für mich ist heute Olympia.« Oder: Ich feiere einen Wurf, juble und frage oder rufe: »Hast du den gesehen? Hast du den gesehen?! Mit dem bin ich gerade eben Weltmeister geworden.« Das haben noch weniger verstanden. Doch Weltmeisterschaften und Olympische Spiele sind nicht nur alle zwei oder vier Jahre. Sie finden jeden verdammten Tag statt. Die große Bühne dann, die ist dann nur noch zum Tanzen da. So hätte es mein großes Idol Muhammed Ali ausgedrückt.

Kann jedes Training Olympia sein? Jede Präsentation ein Highlight, jedes Kundengespräch das große Ziel? Natürlich nicht. Doch wenn wir unser Mindset so ausrichten, dass auch die scheinbar unwichtigen kleinen Etappen wichtig sind, wenn wir auch sie ernst nehmen und alles dafür tun, sie zu nehmen, dann heben wir den gesamten Prozess auf eine höhere Stufe. Wer kleine Siege feiert, der zeigt ja auch, dass er sie ernst nimmt. Und wer die kleinen Siege ernst nimmt, nimmt den großen Sieg erst recht ernst. Wer für die kleinen Erfolge ans Limit geht, der geht für den großen Erfolg über das Limit hinaus.

Ich halte nichts von dem Mythos, sich Kräfte und Reserven, mental wie körperlich, aufzusparen und zu sagen: »Wenn es wirklich ernst wird, dann lege ich mal richtig los.« Das mag bei manchen Ausnahmepersönlichkeiten klappen. In der Regel klappt es aber nicht. Wenn wir nicht versuchen, dass jeder Tag ein kleines Olympia ist, werden wir beim großen, beim »echten« Olympia versagen. Mehr noch: Wenn wir die kleinen Olympiasiege nicht feiern, kommen wir nicht einmal zu Olympia – und schon gar nicht zum Olympiasieg. Wer keine Freude bei kleinen Erfolgen empfindet, der wird es auch bei großen Erfolgen nicht tun. Weil der Weg dorthin ohne Freude und Spaß gegangen wird; und wer keine Freude und keinen Spaß auf dem Weg hat, der wird auch keine langfristige Freude haben und keine Freude am Ziel empfinden können, denn dann war der Preis dafür viel zu hoch. Spaßbremsen werden nur ganz selten Sieger.

Minimessages mit Megawirkung

Ich habe gerade erzählt, wie ich meine Freude rausgeschrien habe. Das war wortwörtlich gemeint. Mein Tipp: Unbedingt auch machen! Und zwar nicht nur auf der Matte oder dem Sportplatz, sondern auch im Büro oder zu Hause. Ich weiß, dass nicht jeder eine Rampensau ist. Und ich weiß auch, dass das am Anfang unangenehm sein kann, man muss es ja auch nicht übertreiben. Doch wir dürfen unsere Siege auch nach außen feiern. Etwas überspitzt gesagt: Manchmal ist stille Freude nur eine halbe Freude. Und geteilte Freude ist doppelte Freude. Freude ist fast das Einzige, was sich verdoppelt, wenn wir es teilen. Erstens, weil wir andere daran teilhaben lassen, ihnen signalisieren: Hey, schau her, ich bin on track. Und weil wir zweitens uns das selbst signalisieren. Wir spüren, dass wir uns freuen, und das verinnerlichen wir auf eine sehr intensive Weise. Das mag etwas merkwürdig klingen, aber solche kleine Siegesrituale spornen uns an. Sie helfen uns, Spaß zu haben, selbst wenn die Arbeiten, die wir gerade machen, eigentlich gar nicht spaßig sind. Unsere kleinen Siegesfeiern sind wie Minikonfetti, das wir für uns selbst schmeißen. Kurze Party, und weiter geht's.

Solche Minisiegesfeiern sollten wir in nicht zu großen Abständen zelebrieren, aber natürlich nur dann, wenn auch wirklich etwas erreicht wurde. Unser Unterbewusstsein lässt sich nämlich nicht so einfach austricksen, wir wissen sehr gut, ob und wann wir etwas erreicht haben und wann wir etwas nur faken. Das mag bei den anderen klappen, wir selbst aber sind da ziemlich unbestechlich.

Und doch hilft es, kleine Erfolgserlebnisse anzuerkennen, und sei es nur für Sekunden: In Kämpfen habe ich meine Punkte oft mit geballter Faust gefeiert. Das hatte auch eine Wirkung auf den Gegner, für den die Faust bedeutete: »Das ist mein Kampf, ich bin auf der Siegesstraße, heute kann nur einer als Winner die Matte verlassen – und das bist nicht du.« Und das half mir gerade in schwierigen Phasen. Wenn ich hinten lag, wenn ein Kampf anders und schwieriger verlief als geplant. Wenn ich dann eine gute Aktion hatte und sie feierte, war das die Message an mich: »Here we go, du kannst es doch, weiter so!«

Diese Minimessages an uns sind immer dann besonders wertvoll, wenn es nicht läuft. Wenn alles smooth ist, sind Siege auch schön. Doch wenn wir physisch und psychisch platt und kurz davor sind, aufzugeben, wenn wir dann so einen kleinen Erfolg feiern, kann das uns neue Energie geben und helfen, das Ding noch einmal herumzureißen. Egal, ob wir auf der Matte den Gegner vor uns haben oder im Beruf ein heikles Projekt angehen oder ein anstrengendes Gespräch führen müssen. Kleine Siege können wir überall erleben. Wenn wir es vorher trainiert haben. Der Körper folgt immer dem Geist. Hältst du dich klein und sagst dir: »Das war jetzt ganz okay, ganz nett, ist aber kein Grund, zu optimistisch zu werden oder stolz sich zu freuen; ich habe das und jenes ja noch nicht erreicht«, dann wird das nichts. Denn wenn du so mit dir umgehst, dann wirst du niemals in den Siegesflow kommen. Erlaube und gestehe es deinem Geist ein, wenn du etwas gut gemacht hast. Es wird zur Emotion, und die treibt deinen Körper zum Handeln. Und wenn beide an einem Strang ziehen, wenn beide synchron sind, dann sind wir im Flow, im Siegesrausch. Deshalb: Siege feiern will gelernt sein. Und das geht nur über die Minisiege.

- Nicht jeder Champion steht immer auf dem obersten Treppchen.
- Wer kleine Siege feiert, der zeigt, dass er sie ernst nimmt.
- Geteilte Freude ist doppelte Freude.

Unter Druck entstehen Diamanten – oder?

Den kennen wir doch alle, oder? Den Satz da oben in der Überschrift. Den haben wir alle schon einmal gehört, ob nun im Matheunterricht oder während der Klavierstunde, ob in den Medizinvorlesungen oder bei der Schreinermeisterprüfung. Und natürlich kennen wir den Spruch aus dem Sport. Druck, Druck und noch einmal Druck. Nicht zuletzt meine Businessklienten, vor allem die aus dem Management, kennen den Spruch ganz besonders gut. Nur unter Druck wird man hart, und nur die Harten kommen in den Garten – noch so eine tolle olle Weisheit. Ich habe den Spruch natürlich auch schon x-mal gehört, in den unterschiedlichsten Lautstärken, versteht sich. Und soll ich euch was verraten? Ich habe ihn selbst auch oft genug rausgehauen. Denn irgendwie passt er doch ganz hervorragend zum Selbstverständnis, gerade im Ringen. Im Spitzensport geht es nun einmal um Härte, genauso im Management und in zahlreichen anderen Bereichen. Und mal ganz ehrlich: Schmeichelt es uns denn nicht ein bisschen, wenn uns Kolleginnen oder Mannschaftskameraden als hart, härter, am härtesten ansehen und bezeichnen? Das hat übrigens nichts mit Männlein oder Weiblein zu tun. Im Gegenteil, gerade viele meiner Klientinnen haben sich den Spruch als Mantra eingehämmert oder einhämmern lassen, weil sie denken, dass sie sich nur so in männlich geprägten Hierarchien durchsetzen können. Frau muss noch etwas härter sein als Mann.

Mich hat die Überzeugung, ohne Druck gebe es keine Diamanten, auch lange begleitet, nahezu meine gesamte Karriere hinweg. Ich konnte erleben, wie das für mich zunächst erst als Ansporn wirkte, dann als Kompliment, und schließlich wurde es fast Teil meiner Persönlichkeit, meiner eigenen Identität. Egal, was kam, ich war hundertprozentig überzeugt: Wenn dein Gegner hart ist, musst du härter sein. Und wenn das Leben dich hart trifft, musst du härter sein. Aber gibt es da nicht diesen superberühmten Satz von Silvester Stallone aus einem der späteren Rocky-Balboa-Teile? In der Szene, als Rockys Sohn jammert und der altgewordene Boxer zuhört, länger nichts sagt und es irgendwann aus ihm rausbricht: »Let me tell you something you already know: The world ain't all sunshine and rainbows … You, me or nobody is gonna hit as hard as life. But it ain't about how hard ya hit. It's about how hard you can get hit and keep moving forward. How much you can take and keep moving forward. That's how winning is done.« (»Ich werd dir jetzt was sagen, was du schon lang weißt: Die Welt besteht nicht nur aus Sonnenschein und Regenbogen … Du und ich und auch sonst keiner kann so hart zuschlagen wie das Leben. Aber der Punkt ist nicht der, wie hart einer zuschlagen kann, es zählt bloß, wie viele Schläge er einstecken kann und ob er trotzdem weitermacht, wie viel man einstecken kann und trotzdem weitermacht. Nur so gewinnt man.«) Da steckt all das drin. Das Leben ist kein Ponyhof, und es schlägt dich, und du muss hart sein und immer wieder aufstehen. Gewinner stehen auf. Verlierer bleiben liegen.

Ich finde die Szene extrem inspirierend. Gänsehaut pur, und sicher ein absolutes Muss für viele Sportlerinnen, aber auch Nichtsportler. Es stimmt auch, dass wir immer wieder aufstehen müssen, anders geht es nicht. Also, alles richtig? Und ohne Druck keine Diamanten?

Wie gesagt: Mich hat das lange angetrieben. Heute aber weiß ich, dass der Satz gefährlich ist. Dass nämlich die Gefahr besteht, dass wir unter zu viel Druck schnell in viele Stücke zerbrechen und uns dann erst einmal wieder zusammenflicken lassen müssen, bevor ans Aufstehen oder Weitermachen zu denken ist. Doch nicht nur das. Ich habe gelernt, dass wir ohne einen bestimmten Druck leichter und sogar besser performen. Dass es eine (noch) stärkere Kraft gibt.

Interessanterweise habe ich diese Kraft zu entdecken begonnen, als mich das Leben wirklich hart getroffen hatte. Zumindest mein Sportlerleben. Ich werde euch später noch von meiner Corona-Erkrankung, den krassen Folgen und den scheinbaren Konsequenzen für meine letzten Olympischen Spielen erzählen. Vorab nur so viel: Hätte mir jemand damals irgendetwas von Druck und Diamanten gesagt, ich weiß nicht, was passiert wäre. Ein Rocky-Balboa-Schlag vielleicht … Ich lag wirklich am Boden und begann erst langsam aufzustehen, als ich unter anderem Yasin Seiwasser kennengelernt hatte. Wir haben uns das erste Mal getroffen bei den Gesundheitswochen in Böblingen, wir beide waren als Speaker eingeladen. Wir kamen ins Gespräch und ich erzählte ihm, ich läse gerade ein Buch, das mich total beeindrucke. Yasin fragte nach und ich verriet ihm, dass es *Der Pfad des friedlichen Kriegers* von Dan Millman sei, das ich ja auch in diesem Buch hier zitiere. Er lachte und erzählte mir wiederum, dass er erst vor kurzem bei Dan Millman in einem Seminar gewesen sei und dort sogar selbst eine Einheit geben durfte.

Irgendwann einmal, als wir schon etwas zusammenarbeiteten und uns besser kannten, meinte ich zu Yasin: »Hör mal, das klingt jetzt blöd, nicht falsch verstehen: Ich habe seit Jahren meine Konkurrenten beobachtet. Die kamen aus allen Regionen und Ländern dieser Welt, sehr oft auch aus richtig, richtig armen Gegenden. Wenn die eine olympische Goldmedaille holen oder einen Weltmeistertitel, dann hatten sie es geschafft. Von den Top Ten in meiner Gewichtsklasse sind sieben Millionäre, Staatsmillionäre!«

Yasin wusste, wovon ich sprach, aber nicht, worauf ich hinauswollte. Er guckte mich an, ich fuhr fort: »Ich war in den Ländern und habe die Armut gesehen, die Slums, in denen die aufwachsen, leben und trainieren. Das ist brutal. Wenn es dann aber jemand zum Beispiel aus Georgien oder Iran oder Aserbaidschan schafft und Weltmeister wird, dann hat er es wirklich geschafft. Nicht nur er, sondern die ganze Familie – so ein Druck ist doch so ein starker Antrieb, da kann niemand von uns verwöhnten Deutschen und erst recht nicht ich, der ja schon ein sehr gutes Leben hat, gegenhalten.«

Yasin guckte mich noch immer an und antwortete ganz kurz: »Was für einen Schwachsinn redest du eigentlich?«

Das »Ich will« ist immer stärker als das »Ich muss«

Bevor ich verrate, was Yasin meinte und warum das für mich solch ein Eye-Opener und Gamechanger war, kurz zur Einordnung: Ringen spielt wie etliche andere olympische Sportarten auch in der öffentlichen und teilweise auch staatlichen Wahrnehmung vieler Ländern kaum mehr als eine Randrolle. Wir Ringer haben das vor einigen Jahren besonders schmerzlich erfahren, als wir kurz davor waren, aus dem olympischen Programm geschleudert zu werden. Doch auch bei anderen Gelegenheiten werden wir damit konfrontiert, dass Ringen oder Turnen oder Fechten und viele andere Sportarten nur während großer Turniere im Fokus stehen, wenn überhaupt. Finanziell ausgesorgt hat dadurch nahezu niemand.

Nicht falsch verstehen: Ich habe vom Ringen und von meinem Erfolg profitiert. Es geht mir und meiner Familie gut. Doch im Vergleich zu dem, was ein Sieg oder auch nur eine wichtige Medaille im Ringen in anderen Ländern, vor allem im Nahen oder Mittleren Osten bedeutet, ist das nichts. Dort schütten die Regierungen oder Regime Millionensummen aus, sie lassen den erfolgreichen Sportlern Häuser bauen, es gibt lebenslange Renten. Damit wird natürlich eine Form der Abhängigkeit aufgebaut, denn all diese Privilegien gibt es nur in der Heimat. Haust du ab, hast du nichts. Vor allem kubanische Sportlerinnen und Sportler erleben das immer wieder. Aber wenn du bleibst und wenn du erfolgreich bist, dann haben du und deine Familie oder dein Clan ausgesorgt. Das ist ein enormer Push, denn nicht nur du weißt das, deine Familie weiß all das ja auch. Und das bedeutet oft: Druck. Die Talente in diesen Ländern machen sich Druck und erleben Druck, weil sie sich verantwortlich fühlen, ihre Familie buchstäblich aus dem Dreck zu holen. Solche Geschichten kennen wir auch aus Sportarten, in denen viel mehr bezahlt wird, dem Fußball zum Beispiel in Brasilien etwa. Doch das Staatsmillionärstum ist in Sportarten wie dem Ringen sicherlich noch einmal anders.

Diesen Druck sah ich damals, als ich mit Yasin darüber redete, als rein positiv und leistungsfördernd an. Warum auch nicht? Ich hatte das doch oft genug am eigenen Leib erlebt. Wenn ich als Kadett zum Beispiel gegen einen Armenier rang, machten mich meine Coaches oder Trainingspartner heiß, indem sie Sätze sagten wie: »Fränky, der ist bereit, seinen Arm zu geben für den Sieg. Das ist ein Killer, der gibt nie auf.« Was daran motivierend war? Gute Frage. Im Nachhinein wundere ich mich, dass solche Sätze nicht eher demotivierten.

Wie auch immer, mit diesem Mindset bin ich als Ringer großgeworden, und natürlich habe ich das auch auf mein Privatleben übertragen. Und als ich mit Yasin darüber sprach, war für mich das wie in Stein gemeißelt: Uns Deutschen geht es zu gut, und deshalb sind wir verweichlicht. Und wir müssen noch viel härter zu uns selbst sein, um das rauszukriegen. Sonst haben wir gegen die »natürliche« Motivation unserer Gegner keine Chance. Existenzangst und Elend als Vorteil für die anderen. Dafür Druck, Druck, Druck für uns. Für mich. Yasin lachte und sagte: »Schwachsinn, Fränky, das stimmt nicht. Ändere doch mal deinen Blickwinkel …«

Jeder kann sich vorstellen, wie irritiert ich auf Yasins Ansage reagiert habe. Ich antwortete: »Was meinst du denn damit? Das verstehe ich nicht.« Yasin nur: »Keine Kraft ist stärker als die eines Freiwilligen. Und du bist ein freiwilliger Krieger, weil du schon alles hast.« Ich war komplett überrumpelt. Klar, ich habe die Weltmeistertitel, die Europatitel, die Weltrekorde. Ich habe Geld verdient, ich habe eine Absicherung, ich habe Familie, ich habe mein Haus, ich habe eine große mediale Aufmerksamkeit. Aber war ich nicht gerade deshalb mehr in Gefahr, weich zu werden, eben nicht mehr so hart zu sein wie meine Gegner, die nichts oder nur ein bisschen davon hatten? Das war doch genau mein Punkt. Yasin setzte aber noch einen drauf: »Du musst gar nichts mehr. Du hast alles, was du in diesem Sport erreichen kannst, dir geht es gut. Du musst niemandem mehr etwas beweisen. Und was machst du?« Pause. »Du riskierst alles. Du gehst auf maximales Risiko, obwohl dich keiner zwingt. Nicht deine Trainer, nicht deine Freunde und schon gar nicht deine Familie. Du musst auch die Kohle nicht verdienen. Und trotzdem machst du das, weil du das willst. Du machst das komplett freiwillig, weil du es liebst – und diese Kraft ist stärker als der Druck des Müssens. Wer freiwillig kämpft, ist zigmal stärker als der, der gezwungen kämpft.«

Für mich war diese kurze Unterhaltung ein echter Eye-Opener, ein wirklicher Gamechanger. Für Olympia und das Ringen, aber auch für das Leben danach. Im Nachhinein erkenne ich so viele Kämpfe, in denen der Druck nicht zu

Diamanten geführt hatte, sondern zu Glassplittern. Wie viele Gegner habe ich unter dem Druck nicht etwa härter werden sehen, sondern zerbrechen, in alle Einzelteile zersplittern. Erst psychisch und dann physisch. Und manche haben sich davon nie mehr erholt. In den Kämpfen dagegen, in denen Teamkollegen, Gegner oder ich freiwillig in die Schlacht zogen, war eine Kraft zu spüren, die mir erst jetzt bewusst wurde und die ich mir erst jetzt erklären konnte. Die Kraft der Freiwilligkeit, die Kraft der Freiheit. Wir sagen das ja auch so: Dass etwas die letzten Kräfte freisetzt. Mit diesem Etwas können verschiedene Ursachen gemeint sein. Aber ganz sicher ist der freie Krieger der, der diese letzte Kraft findet und freisetzen kann. Und noch mehr: Wer aus Liebe kämpft und nicht aus Zwang, wird grundsätzlich stärker sein. Egal, wem die Liebe gilt.

Was hat das mit dem Leben abseits der Matte zu tun? Jede und jeder kann stabil wirken, stabil auftreten, cool und souverän sein, wenn es läuft. Aber was, wenn es nicht läuft? Der Druck, den der Vorgesetzte oder die Auftraggeberin macht, kann uns dann helfen. Die Angst, eine schlechte Note zu bekommen oder einen Job zu verlieren, die treibt an. Doch wie weit? Bringen uns die Angst vor dem Scheitern und der externe oder interne Druck bis ans Ziel? Schenken sie uns die Kraft, die berühmte Extrameile zu gehen, in den letzten Sekunden noch einmal Gas zu geben, eine schon verlorene Runde doch noch zu drehen? Manchmal. Aber viel öfter tun sie das nicht.

Ich bin kein Psychologe, und vielleicht können das andere wissenschaftlich präziser und genauer erklären. Doch

Das »Ich will« ist immer stärker als das »Ich muss«

ich habe selbst immer wieder erfahren, dass nicht der Druck, sondern die innere Freiheit die stärkste Kraft überhaupt ist. Nach dem Eye-Opener durch Yasin war meine Bronzemedaille bei den Olympischen Spielen in Tokio eine Medaille des Willens. Und zwar nicht nur in dem Sinne, dass ich mich im Vorfeld und dann bei den Spielen selbst durchgebissen habe. Es war eine Medaille des freien Willens, weil ich eigentlich nicht musste, aber unbedingt wollte. Und nachdem ich meine Karriere beendet hatte, habe ich diese Kraft in mein neues Leben als Speaker und Coach mitgenommen. Bei meinen Vorträgen und Workshops versuche ich diese Kraft zu vermitteln, und häufig erlebe ich, dass das auch für viele andere ein echter Eye-Opener ist. Die Kraft der inneren Freiheit lässt uns im wahrsten Sinne des Wortes befreit aufspielen, aufringen, auftreten – im Job und im Leben generell. Sich das klarzumachen, ist für jeden selbst wichtig. Es ist aber auch wichtig für unsere Gegenüber. Kapiert das ein Trainer oder eine Vorgesetzte, wird sich dieses Mindset auch auf die Sportlerin oder den Mitarbeiter auswirken. Die Vorgesetzte setzt dann alles daran, diese Freiheit oder Freiwilligkeit zu fördern.

Seien wir nicht naiv: Das klappt nicht immer, weil eben zwei oder mehr dazugehören. Doch für das Konzept von Führung, Selbstführung und die Führung anderer ist diese Erkenntnis zentral. Die Kraft der Freiheit ist voller Power. Das »Ich will« ist immer stärker als das »Ich muss«. Und noch ein Tick stärker ist das »Ich darf« als das »Ich will«.

Interessanterweise hängt damit die Selbstsicherheit eng zusammen. Wer freiwillig auftritt, tritt selbstsicherer auf.

Das soll nicht heißen, dass wir nicht trotzdem nervös sind oder nicht nervös sein sollten. Anspannung ist kostbar, weil wir uns innerlich und äußerlich bereit machen. Doch gerade wenn etwas Unvorhergesehenes passiert – und das tut es im Spitzenbereich sehr oft –, dann hilft nur die Selbstsicherheit dabei, souverän zu bleiben. Druck dagegen ist meistens der Feind der Souveränität. Wir machen auch deshalb unter Druck Fehler, weil uns dann Selbstsicherheit und Souveränität fehlen. Wenn unsere Beine zittern, kann jeder Schritt danebengehen. Selbstsicherheit ist für mich Trittsicherheit. Egal bei welchem unserer Schritte, auf der Matte wie im Leben. Oder, um es noch einmal anders auszudrücken: Nur wer freiwillig auftritt, ist trittsicher. Egal auf welchem Untergrund.

Um am Ende kein Missverständnis aufkommen zu lassen: Wenn ich sage, dass ich an die alte Weisheit vom Druck und den Diamanten nicht mehr glaube, bedeutet das nicht, dass ein bisschen Druck und Ansporn nicht wertvoll wären. Druck ist bis zu einem gewissen Punkt auch ein Privileg. Nicht nur den Neid muss man sich sprichwörtlich erarbeiten. Das gilt auch für einen bestimmten Druck, den Leistungsdruck. Wenn keiner etwas von dir erwartet, gibt es von außen auch keinen Druck. Verlierst du, mault dich keiner an. Bestehst du die Prüfung nicht, macht dir niemand Vorwürfe. Packst du die Beförderung nicht, hey, war doch klar. Druck von außen hat immer etwas mit Erwartungen zu tun. Und Erwartungen, wenn sie gesund und ehrlich sind, hängen mit Wertschätzung und Anerkennung zusammen.

Wenn deine Freundin null Erwartungen an dich hat, ist das absolut nicht wertschätzend und vermutlich einfach nur frustrierend. Oder für alle Väter und Mütter: Wenn unsere Eltern nichts von uns erwartet hätten, wäre das doch furchtbar gewesen! Ich rede nicht von Helikoptereltern oder den Papas, die schon im Dreijährigen den nächsten Messi oder Ronaldo sehen. Ich meine die gesunden Erwartungen, den sanften Druck, den Kinder brauchen; das Fordern und Fördern, das für unsere Entwicklung essenziell ist. Und die Freude daran, wenn dieses Fordern uns wachsen lässt und uns dazu bringt, dass wir uns selbst fordern. Das nämlich ist die andere Form von Druck, der innere Druck. Oft gehen beide Formen Hand in Hand und verstärken sich, und meistens wirkt sich der äußere Druck auf den inneren aus, so lang und weit, dass wir das manchmal nicht mehr unterscheiden können. Dann ist das Alarmstufe rot. Dann ist es nur noch das »Ich muss« und eben nicht mehr die viel stärkeren »Ich will« oder »Ich darf«. Deshalb habe ich oben beschrieben, wie wir mit dem inneren Druck umgehen lernen können.

Vielleicht noch ein abschließendes Bild: Einen Baum mit starken Wurzeln interessiert es nicht, wenn es draußen stürmt, bis zu einem gewissen Grad zumindest. In dem Buch *Bleib auf deinem Weg* von Joseph M. Marshall sagt der alte Indianer Old Hawk zu seinem trauernden Enkel Jeremy folgenden Satz: »Wenn der Sturm heftig weht, musst du standhaft sein, denn er versucht dich nicht umzuwerfen, er will dir nur beibringen, stark zu sein.« Dann zeigt er auf ein Dickicht aus Apfelbeeren in einem trockenen Flussbett und sagt: »Jene Apfelbeerbäume sind im Verhältnis zu dieser Pappel klein und schwach. Doch als du klein warst, überlebten sie einen Tornado, ohne dabei einen Zweig zu verlieren. Diese alte Pappel verlor jedoch mehrere Zweige. Weißt du, warum?« Jeremy weiß es nicht. »Weil in jenem Fall die große Stärke der Pappel ihre größte Schwäche wurde. Sie hielt dem Sturm stand, doch sie konnte sich nicht wie die Apfelbeeren dem Wind beugen.« Wir müssen Druck standhalten, wie tief verwurzelte Bäume. Doch wie wir standhalten, das ist vom Druck abhängig. Und wir brauchen diesen Druck, diese Stürme, die an uns rütteln, um zu wachsen. Doch wir brauchen nicht den absoluten Druck, den existenziellen Schnellkochtopf. Und klar ist auch, dass ein anderer alter Standardspruch in diesem Zusammenhang auf keinen Fall ausgedient hat: »Ohne Schweiß, kein Preis.« Zu viel Druck ist schädlich. Aber ohne Schweiß geht es auch nicht. Das eine und das andere schließt sich eben nicht aus. Wenn man die Augen geöffnet bekommt, wie ich.

- Keine Kraft ist stärker als die eines Freiwilligen.
- Wer aus Liebe kämpft und nicht aus Zwang, wird grundsätzlich stärker sein.
- Das »Ich will« ist immer stärker als das »Ich muss«.
- Selbstsicherheit ist Trittsicherheit.

Was dir guttut – Die Balance von locker und fokussiert

Wir haben in dem vorherigen Kapitel darüber gesprochen, was Druck bedeutet. Und schon etwas weiter vorne darüber, dass unser Umfeld ein wichtiger, wenn nicht sogar einer der wichtigsten Faktoren ist, die wir brauchen, um erfolgreich zu sein. Und nicht nur erfolgreich, sondern auch zufrieden. Ich erlebe das auch bei anderen erfolgreichen Menschen immer wieder, dass sich gerade unser Umfeld und unsere Beziehung zu ihm entscheidend auf unsere innere Balance auswirken. Denn zu dieser Balance gehört ja nicht nur, dass wir etwas von unserem Umfeld bekommen. Richtig zufrieden und glücklich sind wir erst, wenn wir den Menschen in unserem Umfeld – oder Mitfeld, wie wir es genannt haben – auch etwas geben können. Und wahre Stärke lässt Stärke neben sich zu. Lasst es mich also noch einmal betonen: Erfolg beginnt bei mir selbst, das stimmt. Doch gerade wenn ich mal nicht so kann, wie ich eigentlich will oder soll, kommt es auf die Menschen um mich herum an. Eine Binsenweisheit? Vielleicht. Aber schaut doch mal, wie oft genau das nicht klappt.

Zu meinem Umfeld gehören für mich übrigens nicht nur konkrete Personen, sondern auch meine Umgebung. Es befinden sich ja nicht immer Menschen um uns, hin und wieder sind wir auch alleine. Und in solchen Augenblicken bieten uns die fünf Minuten, die wir an der frischen Luft verbringen, oder die Momente, in denen wir im Garten oder auf dem Balkon einfach nur die Augen schließen und bewusst atmen, auch eine Art Umfeld, das wir gestalten können. Wir könnten diese Zeit und dieses Alleinsein ja auch mit Handy-Daddeln, Social Media oder Netflix verbringen. Wir sollten aber genau überlegen, wie wir unser Umfeld gestalten.

Das Mitfeld als Säule, die uns Tag für Tag stützt und für eine dauernde Grundbalance sorgt, ist also essenziell. Dieses Mitfeld zeigt sich aber nicht nur als gleichbleibend andauerndes Grundrauschen, sondern es kann auch punktuell in Erscheinung treten, zum Beispiel kurz vor jenen Augenblicken, in denen es darauf ankommt. Das kennen wir doch alle: Wie gut tut es, wenn die Partnerin noch mit vor das Büro fährt, mir die Hand drückt und mir ein »Du schaffst das, ich weiß das« mit auf den Weg zum Bewerbungsgespräch gibt. Oder wenn der beste Kumpel uns bis zur Ecke begleitet und mit uns über alte Geschichten lacht und scherzt, bevor wir dann alleine zu unserem wichtigen Date laufen. Solche oder ähnliche Situationen hat jeder von uns schon des Öfteren erlebt. Und wie dankbar sind wir in diesen Momenten für die anderen. Warum eigentlich? Weil wir spüren, dass wir nicht alleine sind. Weil wir merken, dass es Menschen gibt, die für uns da sind, egal, was gleich passiert. Und, was ebenfalls wichtig ist: weil wir uns dadurch ablenken können. So paradox das klingt: Eine bewusste Ablenkung durch positive Impulse, Erinnerungen und Menschen in unserem Umfeld dient oft als die beste Fokussierung.

»Wie bitte, wie soll das denn zusammengehen?«, wirst du dich jetzt vielleicht fragen. Wie sollen Ablenkung und Fokussierung zueinander passen? Keine Sorge, ich habe da ein paar Bespiele in petto, die das hoffentlich gut zeigen. Ich hatte ja bereits erzählt, dass wir in der Nationalmannschaft über die Jahre zu einem eingeschworenen Haufen zusammengewachsen sind. Auch die Teamkollegen gehören ja zu meinem Umfeld. Vielleicht nicht alle zum allerengsten, aber sie sind natürlich ungemein wichtig. Denn wenn wir unser Umfeld einmal ganz platt als »die Menschen, die mir guttun« definieren, dann kann sich das in unterschiedlichen Situationen auch sehr unterschiedlich auswirken. Nicht jede Freundin hat's drauf, die richtigen Worte zu finden, wenn man traurig ist. Das liegt nicht daran, dass sie womöglich eine schlechtere Freundin ist, sondern einfach daran, dass nicht jeder Mensch für jede Situation gleich »geeignet« ist, um anderen gutzutun. Mit der Ablenkung und der Fokussierung ist das genauso: Es gibt Personen, die machen dich, wenn du mit ihnen zusammen bist, nur noch nervöser, als du ohnehin schon bist. Die sind selbst so angespannt, dass ihre Anspannung im schlimmsten Fall auf dich überspringt und dich dahin bringen, dass du quasi mit einem Doppelpack an Anspannung klarkommen musst. Das hilft nicht unbedingt. Kurz vor den Momenten, auf die es ankommt, brauchen wir Leute, die entweder selbst entspannt sind oder zumindest mit ihrer Anspannung clever umgehen und sie überspielen und verstecken können.

Ich erinnere mich in dem Zusammenhang an einen Kumpel und langjährigen Zimmergenossen aus dem

Nationalteam, Etienne Kinsinger. Etienne war unser Kapitän, er kämpft für den saarländischen Ringer-Traditionsverein KSV Köllerbach und ist dort als Eigengewächs Publikumsliebling. Etienne, der auf internationaler Bühne bei den Junioren einige Medaillen gewonnen hat, ist ein begnadeter Witzeerzähler. Mit ihm schmeißt du dich weg, der Spruch kann noch so blöd sein.

Etienne war auch 2021 in Tokio mit dabei, als ich zur letzten Attacke meiner internationalen Ringerkarriere blies. Auf den Verlauf dieses Turniers komme ich später noch einmal genauer zurück, wenn es um das Thema Rückschläge geht, die nicht nur in einem Turnier ganz unvermeidlich auftauchen, sondern auch in den einzelnen Kämpfen selbst. Lasst uns jetzt also bis kurz vor das Ende meines Turniers springen, zum sogenannten »kleinen Finale«, also dem Kampf um Platz drei. Dieses kleine Finale war mein großes Finale und der entscheidende Schritt zu dem Erfolg, der mir so viel bedeutete. Noch einmal sechs Minuten bis zu meinem großen Traum von einer Olympischen Medaille. Noch einmal alles geben, vielleicht mehr, als ich im Tank hatte. Noch einmal, ein allerletztes Mal über mich selbst hinauswachsen. Es bedeutete aber auch: Ich hatte nur noch diese eine Chance, meine Karriere zu vollenden. Entweder jetzt oder nie mehr. Ein brutaler Druck!

Am Morgen dieses Tags muss ich noch einmal das Gewicht bringen, wieder 67 Kilogramm, geschafft. Und dann, zwei Stunden vor dem wohl größten, emotionalsten und spannendsten Kampf meiner Karriere, geht es ab ins Stadion. Zwei Stunden warten, die Nerven liegen blank. Jeder hat seine eigene Methoden, mit einer solchen Situation klarzukommen. Manche schauen den anderen Athleten zu, andere analysieren noch einmal alles mit ihrem Coach, wieder andere sitzen einfach da und sind total in sich gekehrt. Mir ist klar, ich darf in dieser Zeit vor allem eines nicht sein: allein. Ich darf auf keinen Fall in diesen Hurricane von Angst, Nervosität und Druck geraten. Nur nicht einsteigen in das Gedankenkarussell, das sich immer schneller dreht und das nie wieder stoppt. Oder das erst dann stoppt, wenn es zu spät ist.

Die Minuten damals verstrichen, und ich wehrte mich erfolgreich, in den Hurricane gezogen zu werden. Dann aber kam die letzte Dreiviertelstunde. Ich ab in die Umkleide. Mit dabei war zunächst einmal nur Denis Kudla, mein Nationalmannschaftskollege aus Schifferstand. Denis stand nach einer brutal starken Leistung im Kampf um Platz drei bis 87 Kilogramm. Er hatte fünf Jahre zuvor in Rio bereits Bronze geholt und wollte diesen Erfolg nun unbedingt bestätigen. Also auch bei ihm: maximaler Druck. Wir werden beide direkt hintereinander drankommen. Und sitzen nun da und müssen beide diese endlose Dreiviertelstunde totschlagen, bevor wir anfangen, uns warmzumachen. Also noch einmal warten. Ihr glaubt gar nicht, wie lange so eine Dreiviertelstunde sein kann. Das klingt doch nach so wenig. Irgendwann in dieser Wartehölle, ich weiß nicht mehr genau wann, geht die Tür auf und Etienne kommt rein. Er sieht uns und sagt: »Oh, sorry Jungs, ich habe nicht gewusst, dass ihr hier drin seid. Ich bin schon wieder raus.«

Ich: »Halt, bleibst du hier? Komm sofort zurück!«

Er: »Ach ne, ehrlich?« Und will wieder rausgehen.

Ich: »Du musst jetzt einen Witz erzählen.«

Er: »Euer Ernst?«

Ich: »Ja, Mann, am besten ein paar Witze. Die coolsten, die du hast, hau alle raus.« Denis stimmte zu.

Etienne guckt uns beide an, setzt sich vor uns hin und fängt an, richtig tolle Witze zu erzählen. Wir lachen uns tot und feiern ihn total ab: »Noch einen, noch einen«. Aus der Wartehölle voller Schweigen wird ein Witzraum voller Gelächter. Die Dreiviertelstunde ist plötzlich um, da steht der Bundestrainer in der Kabine. Er schaut uns nur ungläubig an und fragt: »Was geht denn hier ab?« Wir lassen uns gar nicht stören, Etienne haut noch einen letzten Witz raus, und wir machen uns warm, voll fokussiert und gleichzeitig total locker. Die perfekte Balance, um Großes zu leisten.

Was brauche ich: Die Suche nach der inneren Erfolgsmischung

Das Gelächter wirkte übrigens noch stärker, weil nebenan in der Kabine Mohamed Metwally saß. Der Ägypter war Denis' Konkurrent im Kampf um Platz drei. Er hörte uns natürlich, und ich bin sicher, er dachte: »Was geht denn da ab? Ich bin nervös und die lachen da drüben nur. Hat mein Gegner denn gar keine Nerven?« Ich habe, das kommt in diesem Buch ja an einigen Stellen auch vor, genau das wieder und wieder beobachtet und irgendwann gezielt eingesetzt: Wenn du keine Anspannung zeigst, steigt die Anspannung deines Gegners. Erweckst du den Anschein, gar nicht nervös zu sein, wird der andere umso nervöser. Als ob du deine Anspannung auf ihn abladen und ihm Energie rausziehen würdest. Das klingt nicht nett, aber wenn es um alles geht, kann das ein entscheidender Punkt sein.

Nur um das klarzustellen: Nicht für alle sind Witze die perfekte Ablenkung. Das ist immer eine Frage des Typs und der eigenen Vorlieben, und ein nicht unwesentlicher Teil unseres Wegs zum Erfolg besteht darin, herauszufinden, was wir genau brauchen. Das kann sehr unterschiedlich sein, und letztlich ist es auch egal, was dabei herauskommt. Hauptsache, wir finden es heraus. Das ist ein immens wichtiger Tipp: Wer nicht weiß, wie er sich ablenkt, weiß auch nicht, wie er wirklich voll fokussiert ist. Die Balance macht die innere Erfolgsmischung aus. Deshalb: Probiert verschiedene Möglichkeiten aus und beobachtet genau, was wie bei euch wirkt. Das kann für die Junior-Projektleiterin, die mit Anfang zwanzig die ersten Schritte in ihrem Beruf geht, etwas anderes sein als für ihre fünfzigjährige Kollegin aus dem Management. Das ist sogar sehr wahrscheinlich. Und so komisch es klingen mag: Auch die Suche nach der richtigen Ablenkung gehört zu unserer »Arbeit« dazu. Denn nur so können wir unser volles Potenzial ausschöpfen.

Die entkrampfende Wirkung der Witze wäre damals in Tokio übrigens fast noch verlorengegangen, weil der schlimmste Fall eintrat: Zwanzig Minuten vor dem Kampf stand ich allein neben meinem Gegner, und wir mussten noch einmal warten, da wir den ersten Kampf austragen sollten. Der reinste Horror, denn das oben beschriebene Gedankenkarussell begann sich nun in meinem Kopf zu drehen. Mit einem Unterschied: Ich hatte ein Bewusstsein dafür entwickelt, auf meine Gedanken zu achten. Beobachter der eigenen Gedanken zu werden, ist ein ganz wichtiges Werkzeug. Dadurch erkannte ich, was da in meinen Gedanken in Schwung gebracht wurde, und haute die Bremse rein. Ich sagte mir: Die Monster namens Angst und Druck, das sind doch meine besten Freunde – ich muss sie annehmen, mich darüber freuen, mich mit ihnen verbünden. Nur so kann man die beste Version von sich selbst werden. Und ich musste jetzt die beste Version meiner selbst sein. Unbedingt.

In einer anderen Situation habe ich das genaue Gegenteil des lauten Gelächters gesucht und auch gefunden. Das war 2020, bei den Europameisterschaften in Rom. Ich befand mich damals in einer Phase, aus der ich für mein heutiges Leben extrem viel gezogen habe. Für den Beruf und mein Privatleben. Ich hatte bereits damit begonnen, gezielt Atemübungen zur Stressreduktion oder Stresssteuerung einzusetzen. Außerdem lautete damals mein Prinzip: »Weniger ist mehr – Mut zur Lücke«. Ich war Dreifachweltmeister in drei unterschiedlichen Gewichtsklassen, ich hatte vielleicht nicht alles, aber viel erreicht. Und ich trainierte weiter Vollgas, aber anders. Teilweise nicht mehr so viel und so lang, ich nahm mir Pausen, wenn ich spürte, dass ich es musste. Über die Jahre hatte ich meinen Körper sehr gut kennengelernt. Ich hatte aus Fehlern der Vergangenheit gelernt, und ich war so selbstbewusst, zu entscheiden, wann es genug war.

Das allein gab mir schon eine innere Balance, die zur Stärke wurde. Doch ich hatte neben meinem Körper noch etwas anderes kennengelernt: meinen Geist. In den Jahren zuvor war das Mental-Training immer wichtiger für mich geworden, und in Rom mit dabei war mein Mental-Coach Christian Bischoff mit dabei. Unsere Vorbereitung war optimal gewesen (was das heißt, hast du ja vorhin gelesen), und ich ging voller Selbstbewusstsein und Siegeshunger in das Turnier. Ich rang in meiner »alten« Gewichtsklasse bis 72 Kilogramm, nachdem ich bei den Weltmeisterschaften 2019 in Nur-Sultan bis 67 Kilogramm gerungen und dort nur Bronze geholt hatte. »Nur Bronze«, wie das klingt. Aber genau so hatte es sich im Jahr zuvor angefühlt. Diesmal also 72 Kilogramm und Mission Gold.

Mission Gold war gestartet, wir reisen in Rom an, stürzen uns ins Turnier, und es läuft wie geschmiert. Klare Siege, haushohe sogar. Im Halbfinale wartet Adam Kurak aus Russland auf mich. Ein tougher Gegner, zweimaliger Europameister, ein gestandener 72-Kilo-Ringer. Am Ende steht es 11:1 für mich. Das ist im Ringen eine Welt – und das im Halbfinale einer Europameisterschaft. Wahnsinn! Nach dem Halbfinale habe ich eine längere Pause, das Finale steht erst am Abend an. Wir fahren zurück ins Hotel, Mittagsschlaf, dann am späteren Nachmittag zurück in die Arena. Es ist gegen fünf, das Finale soll ungefähr um sechs Uhr steigen. Eine Stunde Zeit also noch. Mein Gegner im Finale heißt Iuri Lomadze, er ist nicht so hochdekoriert wie

Adam Kurak, aber ebenfalls international erfahren und hat auch schon zwei WM-Medaillen gewonnen.

Ich habe mitbekommen, dass er bereits mehr als eine Stunde vor mir in die Halle gefahren ist, um sich aufzuwärmen und vorzubereiten. Wir sind also sechzig Minuten später unterwegs. Fünfhundert Meter vor der Arena passieren wir den Strand. Wir kommen am Parkplatz an, und der Bundestrainer meint zu mir: »Auf geht's, komm, wir gehen in das Stadion.« Ich will aber noch etwas trinken, ich bin noch nicht so weit. Christian spürt das und sagt zu mir: »Mach das, was dir jetzt guttut, vertrau deiner tollen Intuition.« Darauf ich: »Dann lass uns an den Strand gehen und noch die Affirmation machen.« Das ist eine Art Meditation, um zur Ruhe zu kommen und inneren Frieden zu finden, um dadurch Selbstbewusstsein und vor allem Sicherheit zu spüren. Christian: »Das wird dir guttun.« Ich fühle in mich hinein und merke: Das ist genau das, was ich jetzt brauche.

Also sage ich zum Bundestrainer: »Trainer, ich geh noch runter, an den Strand.«

Er schaut mich an, fragt: »An den Strand?« Und ergänzt, ohne zu warten: »Es sind schon alle da, der Lomadze macht sich schon seit einer halben Stunde warm. Du musst dich jetzt sputen.«

Ich frage ihn nur kurz: »Vertraust du mir?«

Er: »Klar, vertrau ich dir. Mach, was du denkst.«

Ich: »Okay.« Und gehe mit Christian und Andi, meinem Ringer-Heim-Coach, an den Stand.

Es ist 17.40 Uhr, ich weiß das noch ganz genau, Sonnenuntergang. Ich mache meine Atemübungen, die Augen zu, die Füße im Sand, das Meerwasser an meinen Füßen – magisch! Dann eine Dankbarkeitsaffirmation, und ich spüre neben Dankbarkeit innere Stärke, komplette Ruhe.

Ich bin wie weg, als Andi schon leicht nervös sagt: »In zwanzig Minuten geht's los, gell.« Ich öffne die Augen, wische den Sand von meinen Füßen, wir gehen zusammen hoch ins Stadion und sehen meinen georgischen Kontrahenten: schon längst fertig aufgewärmt, komplett fokussiert und hochgefahren. Ich schlappe locker rein, noch nicht einmal umgezogen, begrüße ihn, zwinkere ihm zu und frage: »Alles klar, gut warm gemacht?« Und grinse. Doch Lomadze grinst nicht, sondern ist einfach nur perplex und starrt mich ungläubig an.

Ich gehe ab in die Umkleide, ziehe Ringerschuhe an, tape die Finger, es ist noch eine Viertelstunde. Eine Viertelstunde bis zum Gelingen von Mission Gold – oder dem Scheitern. Acht Minuten Warm-up, Lomadze steht ein paar Meter entfernt und beobachtet mich die ganze Zeit. Dann kommt er vorbei. Noch zwei Minuten. Ich schaue ihn an und sage mit einem Lächeln und erneuten Augenzwinkern: »Okay, I am ready. Let's GO!«

Der Mann, der sich mehr als eine Stunde warm gemacht hat, der rumgetigert ist, der gewartet hat, der sich sehr wahrscheinlich gefragt hat, wo zur Hölle sein Gegner bleibt, der ist jetzt innerlich leer. Er sieht mich, wie ich gerade vom Strand komme, total gechillt, wie ich ihn locker begrüße, wie ich mich ein bisschen warm mache und ihn dann anlächle. Der Kampf ist in diesem Augenblick schon vorbei. Lomadze ist besiegt, bevor er die Matte auch nur berührt hat. Die Tür geht auf, wir verlassen die Katakomben und betreten den Kreis der Matte, der die Ringerwelt bedeutet. Ich bin voll da, voll fokussiert, volle Spannung. Erste Aktion, danach die zweite, alles gelingt, und Lomadze kommt überhaupt nicht in den Kampf. Am Ende gewinne ich souverän mit 6:2 und bin erneut Europameister. Mission Gold erfüllt – nachdem ich eine halbe Stunde vorher noch mit geschlossenen Augen, nackten Füßen im Sand und dem Rauschen des Meeres im Ohr am Strand war.

Warum der Schritt zurück der Schritt nach vorne ist

Die beiden Beispiele verdeutlichen, wie unterschiedlich der Umgang mit Phasen extremer Anspannung und mentaler Belastung sein kann. Wie gesagt: Jeder von uns muss selbst herausfinden, was ihm am meisten guttut. Aber uns allen ist gemein, dass wir Extremphasen am besten mit Ausgleich steuern, also damit, nicht unbedingt mit dem Kopf bei der Sache zu sein. Manchmal ist man viel fokussierter, wenn man kurz ein bisschen Abstand gewinnt. Und Abstand gewinnst du mit Ablenkung, mit Dingen, die dir in diesem Moment guttun. Bei mir ist es so, dass ich manchmal an Urlaub denke, an die Reisen, die ich mir nach solchen Phasen gönnen will. Ich liebe das. Und auch in den beiden Beispielen griff ich auf etwas zurück, was ich mag und was mir guttut: Lachen mit Kumpels. Und das Meditieren im Sand am Meer.

Viele Menschen machen das nicht, weil sie Angst haben, den Fokus und damit den Kampf oder das Projekt aus den Augen zu verlieren. Sie denken, die Anspannung muss die ganze Zeit am Anschlag und der Fokus immer voll auf scharf gestellt sein. »Ich muss doch gleich voll da sein.« Doch in dem Moment, in dem du denkst: »Oh, ich muss jetzt gleich voll da sein und funktionieren«, in dem Moment bist du schon blockiert. Weil du dich verkrampfst, weil du wie das Kaninchen vor der Schlange stehst. Die einzige Chance, der Schlange zu entkommen und vom Kaninchen zum Löwen zu werden, ist ein Schritt zurück. Denn nur mit diesem Schritt zurück bekommst du den entscheidenden Abstand. Ein Schritt zurück, nicht um rückwärtszugehen, sondern um Anlauf zu nehmen. Um sich einen Augenblick für die Verwandlung zu nehmen.

Diesen Schritt zurück musste ich mir selbst hart erarbeiten. Früher gab es für mich nur pushen, durchschlagen, wachbleiben, ein ständiges: »Komm, jetzt geht's gleich los«. Die letzten Jahre dagegen war ich auf den Kämpfen der innere, friedvolle, in sich ruhende Krieger. Wie in dem Weltbestseller *Der Pfad des friedvollen Kriegers* von Dan Millman, für mich eines der wichtigsten Bücher meines Lebens, vielleicht das wichtigste. Es erzählt die Geschichte des Sportstudenten Dan, der an einer Tankstelle den alten Mann Socrates trifft und dessen Leben sich von diesem Augenblick an radikal verändert. In dem Buch sagt Socrates: »Ein Profi trainiert den physischen Körper mit dem Ziel, Wettkämpfe zu gewinnen. Du wirst vielleicht eines Tages ein Meisterturner sein. Ein Meisterturner widmet sein Training dem

Leben. Darum legt er besonderen Wert auf ständiges Trainieren seines Geistes und seiner Gefühle.«

Während ich früher nur rumgetigert war und mich ständig gepusht hatte, atmete ich jetzt tief, die Augen geschlossen. Ich befand mich in einer ruhigen Ecke, konzentrierte mich auf die Energie in mir. Dann die Sekunden, bevor sich der Vorhang öffnete und ich raus ins Stadion musste. Ich hatte ein Ritual entwickelt: Ich schlug mir dreimal stark auf die Brust und sagte: »Auf der Matte bin ich der König.« Das ist übrigens bis heute so: Jetzt gehe ich auf die Bühne und sage mir: »Auf der Matte und auf der Bühne bin ich der König.« Und dann bin ich voll da. Die ganze Nervosität ist weg, völlig verflogen. Wenn du alles richtig gemacht hast, bist du in der Sekunde des Anpfiffs im Moment des reinen Bewusstseins. Im Japanischen nennt man das Satori-Moment. Das ist der Moment, in dem du keinen anderen Gedanken mehr hast und nur im Hier und Jetzt existierst. Es kommt ganz, ganz selten vor, dass man diesen Moment erreicht. Ich habe ihn ehrlicherweise nur zwei- oder dreimal durch Meditation erlebt; ansonsten nur beim Kämpfen, bei den ganz großen wichtigen Kämpfen – bei denen bin ich in diesen Satori-Moment gekommen.

Jetzt könnte jemand einwenden, dass das wahrscheinlich nur dann funktioniert, wenn dich niemand stört und du dein Ding durchziehen kannst. Aber meistens könne man das eben nicht, sondern werde ständig mit Hindernissen konfrontiert. Okay, das stimmt. Doch gerade dann ist diese innere Stärke, die Fähigkeit, sich abzuschotten und sich nicht verrückt zu machen, noch kostbarer. Ich habe oft erlebt, dass Gegner versucht haben, mich mit schmutzigen Tricks aus dem Konzept zu bringen. Zum Beispiel 2011. Ich war damals erst Anfang zwanzig und durfte in Istanbul bei der Weltmeisterschaft antreten. Dabei ging es vor allem um die Qualifikation für die Olympischen Spiele ein Jahr später in London. Ich wollte unbedingt dorthin, doch ich war nicht auf das vorbereitet, was mich erwarten sollte. Das Stadion damals war unglaublich, 12 000 Zuschauer und darunter der türkische Präsident Erdogan, alle völlig aus dem Häuschen, irre laut. Ich kannte das von Deutschland nicht. Ich hatte mich gut geschlagen, den ersten Kampf gewonnen, den zweiten aber gegen den späteren Weltmeister Saeid Mourad Abdvali aus Iran verloren. Im Ringen ist es so, dass man nach einer Niederlage nur weitermachen darf, wenn der siegreiche Konkurrent ins Finale einzieht. Abdvali tat das, ich konnte also in der sogenannten Hoffnungsrunde weiter auf Jagd nach dem Olympiaticket gehen. Und dann geschah es …

Zunächst einmal bin ich erleichtert, dass ich weiter im Rennen um London 2012 bin. Jetzt erst einmal Mittagspause, etwas schlafen, Energie tanken, dann alles raushauen. Ich laufe zurück aus den Katakomben, da kommt mir die polnische Mannschaft entgegen. Ich denke: »Hä, checken die nicht, dass noch Zeit ist. Jetzt laufen die da ganz umsonst rein.« Gemütlich laufe ich weiter, gehe in unsere Mannschaftskabine, die für uns Athleten bereitgestellt worden war. Ich ziehe mich aus, lege mich hin und schließe meine Augen, endlich etwas Ruhe. Fünf Minuten später stürmt unser Co-Trainer rein, ist völlig aufgeregt und schreit herum: »Frank, du bist dran, zieh dich an, zieh dich an, schon zweiter Aufruf.«

Ich: »Nein, nein, entspann dich, ich bin erst nach der Pause dran.«

Er: »Nein, das war eine Fehlinformation! Die haben uns verarscht. Komm, wenige Sekunden noch, und du bist disqualifiziert.«

Ich springe auf, weiß aber nicht einmal, welche Trikotfarbe ich habe. Also nehme ich beide mit, sprinte in meiner Unterhose zu den Katakomben und durch die Tunnel. Im Stadion der dritte Aufruf und nicht mal mehr eine Minute auf der Countdownuhr bis zur endgültigen Disqualifizierung. Auf der Tribüne fünfzig Unterstützer von zu Hause, die ganze Familie, die Trainer. Und alle fragen sich: »Wo ist er? Wo ist er? Wieso kommt er nicht ins Stadion?« Gleich bin ich disqualifiziert, und der Traum ist aus. Ich sprinte weiter, nach knapp dreißig Sekunden bin ich an der Matte. Kurzer Stopp an der Ecke, ich sehe, dass der Gegner das rote Trikot trägt, und stülpe mir das blaue über. Keine Zeit mehr für irgendeinen Plan, eine Strategie oder Instruktionen vom Coach. Was jetzt? Dann soll es eben so sein. Attacke aus dem Kalten heraus.

Und ich attackiere tatsächlich und gewinne 5:1. Später stellte sich heraus, dass mein polnischer Kontrahent schon fast zehn Minuten auf der Wettkampfmatte gestanden hatte. Eine lange Zeit in der Höhle des Löwen – diese Wartezeit war noch belastender als meine spontane Aktion. Er war komplett von der Rolle und extrem verärgert über meine Verspätung, die er für einen unfairen Psychotrick hielt. Doch während er mit sich selbst haderte, hatte ich die Situation einfach angenommen, das Beste daraus gemacht und am Ende meinen Olympiatraum am Leben gehalten.

Fünfundzwanzig Minuten später besiege ich dann tatsächlich noch sensationell einen Weltklasseringer aus Kasachstan, sichere mir den Einzug ins kleine Finale und damit das begehrte Ticket für Olympia. Am Ende verliere ich zwar meinen letzten Fight gegen Kim Hyeon-woo, der im Jahr drauf in London Gold holen sollte. Eine knappe Niederlage, allerdings verdient, weil er damals schlichtweg besser war. Enttäuscht war ich aber trotzdem nicht, weil ich als jüngster Athlet das einzige Olympiaticket gelöst hatte und mein olympischer Traum weiter existierte. Und: Dieser Erfolg löste jegliche Bremse, meine Leistungskurve explodierte – und ein halbes Jahr später wurde ich Europameister.

Die Olympischen Spiele 2012 in London waren für mich eine wahnsinnige Erfahrung. Gleich am Anfang stand eine brutale Enttäuschung. Als amtierender Europameister verlor ich direkt meinen Auftaktkampf. Aber danach fand ich wieder in die Spur und landete auf einem super fünften Platz. Eine wichtige Erfahrung. Die größere Lektion aber habe ich wahrscheinlich aus dem Turnier in Istanbul mitgenommen. Ich hätte damals sagen können: »Mist, die haben mich verarscht. Ich kann nicht kämpfen, das Trikot und der Druck und das alles. Scheiße!« Damit hätte ich verloren gehabt. Habe ich aber nicht. Zwar dachte ich tatsächlich: »Scheiße!«, oder eher: »Scheiß drauf«, und ging einfach in den Kampf. Ich ließ mich nicht aus der Spur bringen. Damals eher intuitiv, neun Jahre später viel bewusster und trainierter. Doch es ging um das Gleiche.

Locker bleiben – aber wie locker?

Ich habe gerade das Lob der Lockerheit gesungen. Doch ganz so easy ist es natürlich nicht. Denn ich kenne auch das genaue Gegenteil, leider. Eine extreme Lockerheit macht es uns nämlich nicht unbedingt einfacher. Sie kann uns vielmehr blockieren, wie wir das von der Anspannung kennen, nur eben anders.

Ich hatte mich einmal in einem Bundesligakampf auf einen Topgegner eingestellt, von dem ich wusste, dass er mir einen brutal harten Kampf liefern würde. Die gesamte Woche über fieberte ich dem Kampf entgegen, dann ging's auf die Waage. Dort sieht man seinen Gegner oft zum ersten Mal – und ich sah nicht denjenigen, den ich eigentlich erwartet hatte. Nachher stellte sich heraus, dass der erwartete Kontrahent seinen Flug verpasst hatte. Stattdessen hatten unsere Gegner einen Ersatz aufgestellt, der zwar national in der Spitze mit dabei war, international aber keine Rolle spielte. Bei mir fiel in diesem Augenblick alles ab. Den würde ich schon wegputzen, dachte ich. Ich aß richtig viel, trank richtig viel, aber warm machte ich mich nicht so viel. Relativ schnell merkte ich, dass das alles keine gute Idee war. Ich fühlte mich unwohl und nicht ready. Trotzdem blieb ich extrem überheblich und viel zu locker, auch als der Kampf begann. Ich konnte auch gar nicht mehr umschalten. Mein Gegner dagegen kämpfte um sein Leben, und ich fand kaum Mittel. Ich gab Punkte ab, tat mich weiter schwer, eine Katastrophe. Am Ende gewann ich zwar noch, aber erstens knapp und zweitens umstritten. Auf dem Papier war das ein klarer, überlegener Sieg gewesen, auf der Matte aber war es eine Blamage für mich.

Der Kampf steckte mir in den Knochen und im Kopf. Doch damit nicht genug. Mein Coach Andi kam nach dem Wochenende zu mir und sagte knapp: »Dein Traum ist ja, Weltmeister zu werden. Um ehrlich zu sein: Ich weiß nicht, ob du es schaffen kannst. Um ein Champion zu werden, musst du dich auch wie einer verhalten – und das im Vorfeld. Du warst gegenüber deinem vermeintlich unterlegenen Gegner derart arrogant und überheblich. Ein Champion denkt und verhält sich nicht so.«

Ich war etwas angefressen und schnauzte zurück: »Bloß weil ich es einmal unterschätzt habe?!«

Er: »Nicht deswegen, das passiert. Doch du warst dir nicht über die Konsequenzen im Klaren. Du bist so locker rein, keine Anspannung, völlig arrogant. Was, wenn du dich verletzt? Wenn du dich verletzt, weil du keine Körperspannung und keinen Fokus hast? Immer dann passieren die schlimmsten Dinge.«

Ich war schon geknickt, doch er setzte noch einen drauf: »Für deine Träume darfst du dir das in deinem Leben kein einziges Mal mehr leisten.«

Das klingt jetzt vielleicht übertrieben, aber nach diesem Erlebnis habe ich niemals wieder einen Gegner auf die leichte Schulter genommen. Egal, wer kam, ich habe mir gesagt: »Ich ringe gegen dich wie gegen einen Weltklassemann – weil du meinen Traum nicht gefährden wirst!«

Später kamen neben dem Traum und dem Verletzungsrisiko andere Dinge hinzu, die ich auch mit dem vorher angesprochenen Begriff »Friedvoller Krieger« verbinde: Demut, Respekt und Fairness.

Die extreme Lockerheit ist deshalb so gefährlich, weil sie sich nicht so leicht abschütteln lässt. Einfach umschalten, mitten im Kampf, das klappt selten. Das ist auch in anderen Bereichen des Lebens so: Wenn ich total entspannt in ein wichtiges Meeting gehe, wenn ich es auf die leichte Schulter nehme und schlecht vorbereitet bin, dann wird es brutal schwer, wieder das richtige Maß von Spannung und Fokussierung zu finden. Mein Tipp: Lass es nicht drauf ankommen. Manche Menschen können das, doch das ist extrem selten. Lockerheit ist gut, aber eben nur in einem bestimmten Maß. Und wenn Lockerheit zur Gleichgültigkeit wird, dann ist es endgültig vorbei. Die Balance ist der Schlüssel zum Erfolg. Probier es aus!

- Wer nicht weiß, wie er sich ablenkt, weiß auch nicht, wie er wirklich voll fokussiert ist.
- Die Balance ist der Schlüssel zum Erfolg.
- Wenn du alles richtig gemacht hast, bist du in der Sekunde des Anpfiffs im Moment des reinen Bewusstseins. Im Japanischen nennt man das Satori-Moment.

Meine Lieblingsmonster

Glauben erwachsene Menschen an Monster? Also ich schon. Meine Monster haben sogar Namen. Sie heißen Angst und Druck. Kennt ihr die beiden auch? Wenn ich in meinen Vorträgen danach frage, wer von den Anwesenden schon einmal Angst gehabt hat, heben die wenigsten die Hände, und schon gar nicht die coolen, starken, harten Männer in der hinteren Reihe. Ich habe überhaupt kein Problem zuzugeben: Angst und Druck haben mich meine gesamte Karriere über begleitet, und erst mit der Zeit habe ich verstanden, wie ich mit ihnen umgehen muss: Ich muss sie annehmen, sie lieben, mich sogar über sie freuen. Das klingt absurd, ist aber tatsächlich einer der Schlüssel zu meinem Erfolg.

Es gibt ein Zitat, das mir immer viel gesagt hat und sehr am Herzen liegt: »Ein Feigling stirbt tausend Tode, aber ein wahrer Krieger nur einen.« Das hört sich vielleicht etwas martialisch an, aber für meine Kämpfe auf der Matte passte es perfekt. Mir fällt in dem Zusammenhang eine kurze Geschichte ein, die vielleicht weniger zum Thema »Feigling«, aber doch sehr gut zum Monster Angst passt: Eine Freundin von mir hatte immer eine Riesenangst vor dem Zahnarzt. Das merkte ihr Umfeld. Als es wieder einmal so weit war, verbreitete sie bereits im Vorfeld ihre schlechte Laune. Meine Frau wunderte sich und fragte: »Was ist denn los mit dir?« Sie antwortete: »Am Donnerstag habe ich einen Zahnarzttermin. O mein Gott, o mein Gott, bestimmt bohrt der …« Ihre Woche verlief dann so: Am Montag ging's ins Geschäft, sie konnte kaum noch richtig schlafen, hatte Stress mit ihrem Chef, Stress mit den Kollegen. Sie kam nach Hause, stritt sich mit ihrem Mann, war genervt und konnte wieder kaum schlafen. Am Dienstag ging das so weiter und wurde schlimmer und schlimmer. Am Mittwoch dasselbe Spiel. Am Mittwochnachmittag kam dann ein Anruf aus der Arztpraxis, der Doktor sei krank. Der Termin musste um zwei Monate verschoben werden. Warum erzähle ich das? Weil sie diese Woche nie wieder in ihrem Leben zurückbekommen wird, obwohl die Sorgen letztlich unbegründet waren. Wir können uns viel Lebenszeit retten, indem wir uns erst dann Sorgen machen, wenn es wirklich so weit ist.

Die Monster verwandeln

Ich kenne solche Sorgen natürlich auch. Wie habe ich sie gemeistert? Ich habe mir visualisiert und vorgestellt, dass ich auf meinen Schultern so zwei richtig widerliche, hässliche, abartige Monster sitzen habe, eines der Monster mit dem Namen Druck das andere Monster mit dem Namen Angst. Diese Monster sind nicht nur meine Monster, sie sitzen wohl jedem von uns im Nacken. Wer kennt sie nicht, diese Situation, wenn ein Vortrag ansteht, ein Referat, eine Präsentation, ein Wettkampf oder eine Prüfung: Die Nerven liegen blank und ständig diese Stimmen in unserem Ohr, die flüstern: »Reiß dich zusammen«, »Versau es bloß nicht«, »Blamier dich jetzt nicht«, »Enttäusch uns nicht«. Das sind die Stimmen der Monster, deren Spezialität es ist, immer dann aufzutauchen, wenn wir sie am allerwenigsten brauchen. Sie lassen sich auch nicht so einfach abschütteln, im Gegenteil. Wenn du versuchst, sie loszuwerden, werden sie nur stärker. Du hast nur eine einzige Chance: Du muss dich mit ihnen verbünden.

Ich werde euch an anderer Stelle über meine Erfahrungen bei der Weltmeisterschaft in Las Vegas 2015 und den Olympischen Spielen in Tokio 2021 erzählen und bei der Gelegenheit auch kurz auf die beiden Monster zu sprechen kommen. Hier geht es mir nur darum, was wir tun können, um aus diesen Feinden unsere Verbündete zu machen und sie in unsere besten Freunden zu verwandeln. Wenn uns dieses Kunststück gelingt, aber wirklich nur dann, können wir die allerbeste Version unserer selbst werden.

In Tokio war ich mit 5:5 Punkten und sehr umstritten am späteren Olympiasieger gescheitert. Ich hatte mich durch die Hoffnungsrunde gerungen, bis ins kleine Finale um Platz drei und um die ersehnte olympische Medaille. Bronze war mein neues Gold. Die Vorgaben in Tokio waren sehr streng, die japanischen Ausrichter waren sehr präzise und pünktlich. Das führte dazu, dass ich vor meinem vielleicht wichtigsten, auf jedem Fall aber vor dem letzten internationalen Kampf meines Lebens für satte zwanzig Minuten neben meinem Konkurrenten aus Georgien stehen musste. Zwanzig Minuten, das ist brutal. Ich stehe da und zähle die Sekunden. Ich frage meinen Trainer: »Wie lange noch«, und höre: »Noch neunzehn Minuten.« – Die Zeit will nicht vergehen. In diesem Augenblick spüre ich, wie die beiden Monster auf meine Schulter klettern. Sie fangen auch sofort an zu flüstern.

Das Angstmonster legt zuerst los: »Du bist so platt, das wirst du verlieren.« Und ich sage selbst zu mir: »O Gott, das werde ich verlieren.« Dann kommt das andere Monster: »Das ist die allerletzte Chance, wenn du es jetzt nicht packst, dann packst du es nie mehr.« Und ich zu mir: »Das ist die einzige Chance in meinem Leben. Wenn ich verliere, bleibe ich für immer unvollendet und enttäusche alle. Dann war alles umsonst.«

So wäre das wahrscheinlich weitergegangen, die beiden Monster hätten auf mich eingeredet, und ich hätte ihnen so lange innerlich nachgeplappert, bis ich komplett verrückt geworden wäre. Aber ich spürte das. Ich hatte meine Monster identifiziert und dachte mir: »Oh, krass, was passiert denn hier gerade?« Ich ertappte mich also selbst, und weil ich mich mit dem Thema schon so viel auseinandergesetzt hatte, wusste ich, was ich zu tun hatte. Ich plapperte den Monstern nicht mehr nach, sondern unterbrach sie und meinte zu ihnen innerlich: »Hey, Leute, da seid ihr ja endlich. Ich habe euch schon vermisst und gedacht: Dass ihr euch das entgehen lasst, auf dieser großen Bühne, das kann ja gar nicht sein!« Anschließend bedankte ich mich sogar bei ihnen: »Danke, ohne euch kann ich es nicht schaffen, ich brauche euch, sonst kann mein Körper nicht über die Schmerzgrenze hinausgehen. Danke!«

Ich musste selbst schmunzeln. Die beiden Monster, die gerade noch drauf und dran waren, meine Psyche zu brechen, hatten ihren Schrecken verloren. Ich wusste: Sie sind ein Privileg, Druck ist ein Privileg, weil ich überhaupt in dieser Situation bin. Ich habe mir diese beiden Monster also redlich verdient, durch meine Entbehrungen und meine Opfer und meine Leistung über all die vielen Jahre. Sie sind nicht mehr meine Feinde, sie sind meine besten Freunde. Und ich sagte zu meinen Freunden: »Jungs, jetzt gehen wir noch einmal raus und beweisen es allen. Wir zeigen der Welt noch ein letztes Mal den besten Frank Stäbler aller Zeiten, ein allerletztes Mal.« Dann ein imaginäres »High Five« mit den beiden, und ab ging es in die Schlacht – mit einem Lächeln auf den Lippen.

Kann sein, dass sich das etwas komisch anhört, und wahrscheinlich musst du es ausprobiert haben, um zu erfahren, wie es wirkt. Ich jedenfalls weiß nicht, ob ich ohne diese beiden Monster meinen Traum von der olympischen Medaille verwirklich hätte. Doch, eigentlich weiß ich es: Ich hätte es ohne sie nicht geschafft. Ich war so platt, und ich brauchte meine beiden Monster unbedingt, um Adrenalin auszuschütten und wieder wach und wachsam zu werden. Gerade weil ich nicht versuchte, sie zu leugnen, konnte ich sie auf meine Seite ziehen. Du kannst Angst und Druck nicht leugnen, du kannst dich nicht selbst belügen. Deshalb musst du sie zu Verbündeten machen. Und selbst wenn es dir etwas kindisch vorkommen mag, mit den Monstern zu reden, glaub mir: Das funktioniert. Und wir führen doch sowieso permanent Selbstgespräche mit uns, weshalb dann mal nicht zur Abwechslung eine nette Konversation mit unseren Monstern? Es ist ein bisschen eine Gewöhnungssache, doch hast du das einmal verinnerlicht, klappt das, selbst in den herausforderndsten Situationen.

Du kannst der Angst nicht davonlaufen

Zum Thema Angst fällt mir noch ein anderes Beispiel ein, ein negatives. Ich war vor einiger Zeit im Urlaub am Meer. Das Wetter war fantastisch, und es gab wunderbare Wellen. Zumindest sah ich das so. Meine Frau wollte bei den Wellen nicht ins Wasser, sie hatte Angst. Ich bearbeitete sie immer wieder: »Das ist so cool, heute musst du einmal mit reinkommen.« Den ganzen Tag ging es so, irgendwann waren die Wellen richtig hoch, knapp zwei Meter. Und ich zeigte ihr, wie man die Wellen richtig schön brechen und darunter durchtauchen konnte, ein Megaspaß. Es sah so leicht aus, dass sie sich ebenfalls ins Wasser traute. Die nächste Welle kam, wurde größer und größer, jetzt galt's! Sie aber sah die Welle, drehte sich um und versuchte wegzurennen. Die Welle war natürlich schneller, holte sie ein und überrollte sie. Gott, war sie sauer auf mich. »Ich habe es dir doch gesagt. Das blöde Meer – und du bist schuld.«

Später fiel mir auf, dass das ein gutes Beispiel dafür war, dass wir dem Monster Angst nicht entkommen können, indem wir wegzurennen versuchen. Sie hätte in die Welle hineingemusst, in die Angst hinein. Stattdessen hatte sie versucht, wegzurennen, doch Angst ist schneller als die schnellsten Beine. Wir müssen uns unserem Monster stellen, müssen reingehen in den Druck und in die Angst. Wir müssen sie durchschwimmen, um uns so freizuschwimmen. Eine Sekunde Überwindung, und wir werden merken dass die Angst verblasst und verschwindet. Wir können die höchsten Gipfel nur erklimmen, wenn wir vorher den Aufstieg mit den beiden Monstern auf der Schulter gemeistert haben. Oder wie es Reinhold Messner so eindrucksvoll beschrieben hat: »Das Bild vom furchtlosen Helden täuscht. Er ist ein Fantasieprodukt. Ein Held, der keine Angst hat, braucht keinen Mut. Die Angst ist eine ständige Begleiterin. Ohne Angst lebt kein Grenzgänger lange. Die Angst ist die andere Hälfte von Mut.«

- Du kannst Angst und Druck nicht leugnen, du musst sie zu deinen Verbündeten machen.
- Wir müssen sie durchschwimmen, um uns so freizuschwimmen.

No risk, no sun

Im Ringen gibt es eine Besonderheit, deren Prinzip ich für viele Berufe extrem spannend finde: Ich meine das 1:1-Prinzip. Du kämpfst immer Frau gegen Frau oder Mann gegen Mann. Du gehst allein auf die Matte, und wenn der Kampf begonnen hat, kann dir keiner mehr helfen, zumindest nicht direkt. Wenn du verlierst, bist du es, dessen Hand unten bleibt. Gewinnst du, dann bist du es, dessen Hand in die Höhe gestreckt ist, vielleicht zur Siegesfaust geballt. Die Siegessonne scheint dann nur für dich. So ist es bei Turnieren. Bei Mannschaftswettbewerben wird es allerdings ein wenig komplizierter. Ein Sieg bringt, je nachdem, wie deutlich er ausfällt, maximal vier Punkte für das Team. Welche Mannschaft am Ende die Oberhand behält, entscheidet sich nicht an der Anzahl der Siege, sondern anhand der Punkte. Es kann also sein, dass eine Mannschaft mehr Einzelsiege holt und dennoch verliert, weil die Siege nicht eindeutig genug waren.

An dieser Stelle kommt wieder das 1:1-Prinzip ins Spiel: Du gewinnst zwar allein, aber du gewinnst für das Team. Deine Punkte können für den Sieg oder die Niederlage von allen anderen den Ausschlag geben. Es reicht deshalb unter Umständen nicht, nur achtzig Prozent zu geben und den eigenen Sieg gemütlich über die Zeit zu bringen. Im Ringen passieren immer wieder Sensationen. Eine kleine

Unaufmerksamkeit hier, ein körperlich schwacher Tag da, und schon fehlt dir ein Punkt, der am Ende für das Team entscheidend sein kann. Bedeutet das also, dass du immer alles geben und auf die Maximalpunktezahl gehen musst? Im Prinzip ja. Doch es gibt einen Haken: Bei Kämpfen zwischen zwei ähnlich guten Ringerinnen oder Ringern kommt es oft vor, dass dem einen von seinem Coach gesagt wird: »Hör zu, geh kein Risiko ein, eine knappe Niederlage reicht uns am Ende auch. Riskierst du aber zu viel und verlierst deshalb zu hoch, war's das fürs Team. Also piano, no risk.«

Lass dir deine Siege nicht nehmen

Das klingt vermutlich für die meisten erst einmal nachvollziehbar. Und das ist es irgendwie auch. Denn selbst wenn du allein mit deinem Gegner auf der Matte stehst, Ringen ist Teamsport, im Training, aber eben auch in der Mannschaft – nur als Einzelkämpfer kommst du nicht weit. Aber ganz so einfach ist es eben auch wieder nicht. Das zeigt sich sehr gut an einem Erlebnis, das ich schon vor Jahre bei einer deutschen Mannschaftsmeisterschaft hatte. Nendingen, mein Team, tritt an gegen Weingarten. In einem Zirkuszelt, ausverkauftes Haus, pardon: ausverkauftes Zelt, bombastische Atmosphäre. Nicht nur die echte, auch die gefühlte Temperatur steigt von Kampf zu Kampf, alles ist eng und knapp, jeder Fehler kann entscheiden. Ich komme wieder beim letzten Duell dran. Gegen Adam Juretzko, in Ringerkreisen nur der Commander genannt, eine Legende.

Und es ist nicht nur der letzte Kampf dieser Meisterschaft, sondern – zumindest hieß es damals so – auch der letzte Auftritt des Commanders auf der Matte. Unserer Mannschaft ist klar, eine knappe Niederlage von mir würde reichen, dann wären wir Deutscher Meister. Alle also zu mir: »Fränky, reicht, reicht, no risk.« Ich aber will gewinnen, egal, wie es steht. Ich will unbedingt gewinnen. Schaffe ich aber nicht. Am Ende steht es 1:0 für Adam. Ich habe verloren, doch die Mannschaft, wir haben gewonnen. Alle jubeln, die Dämme brechen, es ist einfach nur krass. Einer der Schiedsrichter meint dann noch zu mir: »Komm, war doch ein toller Kampf, ihr habt den Titel geholt, und dem Commander konntest du einen würdigen Abschied schenken.«

Kann man so sehen. Ich sah das damals aber nicht so. Ich war einfach nur durch, ich fühlte mich verschaukelt, war mit der Entscheidung der Schiris nicht einverstanden und mit dem Ergebnis schon gar nicht. Ich stürmte in die Kabine, heulte erst, duschte dann, und fuhr heim. Heim, nicht zur Meisterschaftsparty. Am nächsten Morgen stand ich auf und fing um halb sieben zu trainieren an.

Die Reaktionen auf meine Aktion waren zum Teil heftig. »Egoist, das macht man nicht«, hieß es. Oder: »Kein Teamplayer!« Wie gesagt: Man kann das so sehen. Doch dieses bewusste Verwalten, das Nicht-siegen-Wollen, das hat jedem Ideal von mir widersprochen. Denn ich glaube zutiefst, dass dich das auf Dauer schwächer macht. Trotzdem habe ich mich meine gesamte Karriere lang mit vielen Trainern darüber gestritten. Nur achtzig Prozent zu geben, bedeutet, dass dem Athleten zugemutet wird, eine knappe Niederlage bewusst in Kauf zu nehmen, um ganz am Ende doch den Sieg zu feiern. Das ist völlig surreal, weil man erst die Bitterkeit der Niederlage und dann die Süße des Sieges kostet, und wenn man als letzter Kämpfer antritt, geschieht das sogar direkt hintereinander. Was für ein krasser Gefühlscocktail.

Warum ich mich deswegen gestritten habe? Weil ich nichts davon halte, jemandem seine Chance auf den Sieg zu nehmen. Ich habe oft beobachtet, was das mit Kämpferinnen oder Kämpfern macht. Am Anfang ist der Kampf noch eins zu eins, wirklich offen, 50:50-Prozent. Dann kommt die Ansage der Trainer, und plötzlich ist der Kampf nicht mehr offen, sondern steht gefühlt eher bei zwanzig zu achtzig. Du siehst das an der Körpersprache, dem ständigen Verteidigen und Blocken und Mauern – wem macht das schon Spaß? Da scheint keine Sonne mehr, schon gar keine Siegessonne.

Wir können das auch auf andere Bereiche des Lebens übertragen: Stell dir vor, die Chefin kommt, lobt dich und sagt dann so etwas wie: »Bei der Präsentation morgen lässt du es mal ruhig angehen. Klar, du könntest schon eine tolle Show abziehen und zeigen, was du wirklich drauf hast. Aber wir wollen es nicht übertreiben. Also piano, no risk.« Das zieht dir doch den kompletten Motivationsstecker. Das mag kurzfristig nicht so schlimm erscheinen. Langfristig aber kann sich das fatal auswirken. Denn danach wieder in Fahrt zu kommen, ist richtig, richtig schwer. Der Verlierergeschmack hält sich lange und schmeckt verdammt bitter.

Nimm die positiven Impulse in dich auf

Außerdem gibt es noch einen weiteren Effekt, den ich schon angesprochen habe: Auf Dauer kann dich so eine No-risk-Taktik schwächen. Die unterschwellige Botschaft, nicht nur an den Athleten, sondern auch an den Menschen, lautet nämlich: »Du bist eh nicht gut genug, du kannst nicht gewinnen, das Maximum, das ich dir zutraue, ist, knapp zu verlieren.« Alles negative Impulse. Die setzen sich fest, die bleiben, und zwar über den einen Kampf hinaus. Dein negatives Bewusstsein setzt sich in deinem Körper fest, wird sozusagen Fleisch von dir. Defensive wird dein Charakter – damit ist eine Sensation dann auch wirklich ausgeschlossen. Und für Sensationen leben wir den Sport, und dafür lieben wir ihn.

Der Clou: Wir können das Ganze auch umdrehen. Wir können die positiven Impulse in uns aufnehmen, sie zu unserem Charakter werden lassen. Deshalb halte ich auch in solchen engen Kämpfen Angriff für die beste Verteidigung. Das heißt nicht Harakiri, aber durchaus Risiko. Risiko zur Bereitschaft, zu gewinnen, die Bereitschaft zur Sensation. Und das bedeutet, nicht nur auf die nächste Präsentation oder Prüfung oder den nächsten Kampf zu gucken, sondern Weitblick zu haben. Es bedeutet, nicht nur auf die Punktetafel vor sich zu starren, sondern den Weg danach zu sehen. Unzählige Male habe ich solche Szenen erlebt: Trainer, die auf die Uhr und die Punkte gucken. Und die reinrufen: »Du liegst einen hinten, sehr gut. Nichts mehr riskieren, das reicht.« Ja, das reicht, das reicht der Mannschaft und dem Trainer – aber es reicht nicht dem Kämpfer. Ich konnte dann in solchen Situationen meine Klappe oft nicht halten:

»Was sagst du denn da? Lass ihn doch ringen.«

»Aber es reicht doch.«

»Egal, er kann gewinnen.«

»Ja, aber es reicht doch, rechne mal.«

»Ja, ich kann rechnen. Aber sag ihm, er soll gewinnen, dann wird er gewinnen – da musst du gar nichts rechnen. Oder er wird knapp verlieren, dann reicht's auch. Aber sag ihm doch nicht, er soll es knapp halten und verlieren.« Der Körper folgt immer dem Geist. Wenn der Geist die Signale gibt: »Ich kann ja eh nur verlieren, bloß nicht zu hoch, bloß kein Risiko«, dann wird der Körper ihm folgen, wird ihm maximal viel weniger geben, dann eben nur noch zwanzig Prozent. Weil die Sonne des Sieges uns nicht versprochen wurde. Wir können sie dann nicht sehen und schon gar nicht fühlen.

Meistens ließ der Trainer ihn natürlich nicht ringen. Nicht selten ging der Schuss nach hinten los, weil es eben plötzlich nur noch zwanzig zu achtzig Prozent waren und nicht mehr fünfzig zu fünfzig. Und so verlor man beides: den Einzelkampf und den Gesamtkampf. Weil man no risk gegangen war. Meine Meinung deshalb: No risk, no fun. No risk, no sun.

- Der Körper folgt immer dem Geist.

Welcome to my party

Abtasten war gerade, jetzt ist das Signal zur Attacke gegeben. Dann die ersten Aktionen, einige Versuche, vielleicht noch ohne durchschlagenden Erfolg. Anfangs- und Mittelphasen kennt jeder Kampf, manche sind länger, manche kürzer. Was dann kommt – meistens nach vier oder fünf Minuten, wenn der Kampf besonders eng oder sogar noch ausgeglichen ist –, entscheidet nicht selten den gesamten Fight. Diese eine Situation, die kann auch jenseits der Matte vorkommen. Im Verkaufsgespräch, wenn uns noch dieses eine Argument fehlt, dieses letzte Quäntchen zum Sprung über die Abschlusszielllinie. Oder in einer Gehaltsverhandlung, die hin und her wogt, ein ewiges Ziehen und Zerren. Wer setzt zum entscheidenden Vorstoß an? Wer macht den wichtigen Punkt? Manchmal sind es Kleinigkeiten, die den Ausschlag geben. Und gerade wenn der Kampf ausgeglichen ist, können die Körperhaltung und die Mimik des anderen viel verraten. Doch auch unsere eigene Körperhaltung und Mimik können verräterisch sein. Verraten wir vielleicht unbewusst, dass wir mit dem Erreichten eigentlich schon zufrieden sind, mit der leichten Gehaltserhöhung und der besser klingenden Positionsbezeichnung? Und kann die Chefin das deuten? Dann haben wir schlechte Karten. Pokern wir dagegen mit unbewegter Miene und setzen darauf, dass der andere auch keine Lust mehr hat und müde ist, dass er bald ja sagen wird, wenn wir noch einen kurzen Moment durchhalten, kann am Ende mehr für uns rausspringen, als wir zwischenzeitlich gedacht haben.

Victory-Zeichen: Die große Macht der kleinen Signale

Über die Bedeutung von Mimik und Körperhaltung für den Erfolg im Beruf existieren unzählige Ratgeber, Videos und andere hilfreiche Dinge. Ich will mich deshalb hier in erster Linie auf meine eigenen Erfahrungen konzentrieren und vor allem auf genau die Phase im Kampf, die in anderen Sportarten »Crunchtime« genannt wird. Damit ist die Phase am Ende eines Kampfs oder Spiels gemeint, die entscheidend für den Ausgang ist. Die Körpersprache vor dem Fight habe ich euch schon beschrieben. Das Lächeln, obwohl du kaputt bist. Die Lockerheit, die die Anspannung des anderen nur noch wachsen lässt. Wahnsinn, was Lachen oder sogar nur ein kurzes (scheinbar) entspanntes Augenzwinkern auslösen kann. Die Macht der kleinen Gesten ist unfassbar. Ein kurzes Lächeln ist manchmal stärker als der härteste Wurf.

Was vor dem Kampf gilt, gilt im Kampf genauso, vielleicht sogar noch mehr. Auch das habe ich wie kaum ein anderer studiert und perfektioniert. Ich habe meine Gegner beobachtet, ihre Marotten registriert. Ich achtete auf Anzeichen für Schwächen, Frustration, Ratlosigkeit, und ich versuchte, aus diesen Anzeichen Muster zu entwickeln, die ich dann genauer erkennen konnte. Und wenn ich sie erkannte, dann wusste ich, was zu tun war.

Andersherum habe ich an meinen Eigenheiten gearbeitet. Früher habe ich mich kurz hingekniet, ein Minibreak nur, habe etwas durchgeatmet, mir wenigstens fünf Sekunden Pause verschafft. Ich habe an meinen Schuhbändchen herumgefummelt, die Socken gerichtet, obwohl alles passte. Das waren meine Rituale, wenn ich platt oder auf dem besten Weg dorthin war. Rituale, die meine Schwäche verrieten oder zumindest zeigten, dass mein Tank nicht ganz voll war.

Ein anderes Phänomen: Im Ringen ist es eine beliebte Taktik, die sogar mit Punkten belohnt wird, den Gegner ins Aus zu schieben. Unsere Matte ist durch einen Kreis begrenzt, und war man im Aus, dann geht es in der Mitte weiter. Sehr viele Ringer – und es spielt keine Rolle, ob sie in der Kreisliga oder bei der Weltmeisterschaft kämpfen – machen, wenn der Kampf schon etwas länger dauert und sie im Aus waren, alle genau das Gleiche: Sie bleiben kurz liegen, gucken raus zum Trainer, zu den Teamkameraden oder den Fans, sie werfen einen Blick zum Schiedsrichterpult und auf die Zeit. Wirklich verrückt, als läge das in unserer DNA als Ringer. Ich habe das natürlich auch gemacht, jahrelang. Nur habe ich irgendwann erkannt, dass das eben nicht in unserer DNA liegt, sondern eine blöde Angewohnheit ist. Eine Angewohnheit, die verrät, dass jetzt gleich der Moment kommt, an dem ich kippen, an dem der andere mich brechen könnte. Das mag ja sogar stimmen. Aber warum sollte ich das dem anderen verraten? Also habe ich mein Verhalten komplett umgestellt.

Wenn also mein Kontrahent ab der fünften Minute damit begann, kurz zu knien, sein Tape zu überprüfen, seine Socken zu richten, bin ich sofort aufgestanden und in meine Ausgangslange gegangen. Ich stand dann vor ihm, während er noch unten kniete. Ich guckte runter, er rauf. Blieb er im Aus liegen, bin ich ebenfalls sofort zurück in die Mitte gegangen, ja, fast schon gesprintet, und habe ihn angesehen und mit meinem Blick oder sogar tatsächlich gesagt: »Komm schon, komm schon, hier bin ich.« Die Wirkung solcher scheinbar unspektakulärer Taktiken ist enorm. Gerade auf höchstem Niveau, wo eben Kleinigkeiten entscheiden. Wenn es nicht mehr darum geht, ob der andere stärker ist oder nicht, ob er eine bessere Kondition hat oder nicht, gerade dann sind es diese Signale, die Kippmomente, die für dich entscheiden. Das habe ich wieder und wieder erlebt.

Einmal rang ich zum Beispiel gegen einen amtierenden russischen Meister. Ein enger Kampf, und es ging richtig zur Sache. Als er irgendwann unten auf der Matte sitzen blieb, habe ich ihm aufgeholfen. Er war extrem sauer darüber, doch damit war ich in seinem Kopf. Ich konnte spüren und sehen, wie er dachte: »Was ist denn das? Der Verrückte hilft mir sogar noch hoch, wie viel Energie hat der denn noch …?« Und er gab sich auf. Dabei waren wir beide am Ende unserer Energie.

Das war keine Ausnahme. Und das Verrückte daran: Das Ganze war kein Geheimnis. Meine Nationalmannschaftskollegen wussten das, meine Gegner oft auch. Und meine Teamkollegen haben nach solchen Momenten oft gelacht und gemeint: »Fränky, hast du schon wieder einen versenkt? Schon wieder einem die Seele genommen?« Wenn wir uns solche kleinen Signale nicht angewöhnt haben und nicht darauf vorbereitet sind, wenn der andere sie aussendet, dann ist es extrem schwer, sich davon nicht beeinflussen zu lassen. Selbst wenn wir wissen, was der andere macht, oder umgekehrt, selbst wenn der andere weiß, was wir machen: Die Macht dieser Signale ist brutal. Brutal effektiv und brutal effizient.

All das kann man lernen. Und man muss es auch. Denn was hier so banal klingt, ist auf dem höchsten Level von Können, wenn die Anspannung und Erschöpfung ihr Maximum erreicht haben, alles andere als banal. Mein Tipp: Bereitet euch vor, studiert die anderen und euch selbst, ob nun in Ringkämpfen, Tennismatches, Gehaltsverhandlungen oder anderen »Auseinandersetzungen«. Immer dann, wenn es Kippmomente gibt oder geben könnte, sollten die kleinen Signale Routine sein, völlige Automatismen. Gleichzeitig hilft es enorm, wenn wir uns auf diese Signale anderer einstellen und ihnen so die Macht zu nehmen versuchen. Wie gesagt: Das ist nicht einfach, doch je mehr wir uns darauf vorbereitet haben und je besser unsere eigenen Automatismen sitzen, desto höher die Chance, dass das Momentum auf unsere Seite kippt.

Das gilt sogar fast noch mehr für Situationen, in denen die oder der andere unfair wird oder gar zu unerlaubten Mitteln greift. Es klingt absurd, aber ich habe diese Augenblicke oft geradezu geliebt. Manche sind von Haus aus und von der ersten Minute an unfair oder link. Viel mehr Gegner aber wenden erst dann unerlaubte oder zumindest unfaire

Mittel an, wenn ihnen die fairen ausgegangen sind, wenn sie sich selbst am Kippmoment befinden. Sich dann nicht darauf einzulassen, bei den Automatismen zu bleiben, das wirkt auf die Gegenseite wie ein Schock. Immer wenn ein Gegner begann, mir die Finger umzudrehen, wenn er mit dem Kopf stieß oder mit der Schulter schlug, dann wusste ich: Ja, ja, jetzt ist es gleich so weit. Und genau das zeigte ich ihm. (Okay, es hat manchmal auch nicht geklappt, aber je älter ich wurde, desto öfter …) Ich zeigte ihm, dass ich seine Verzweiflung in jeder dieser unfairen Aktionen erkannte. Und dass mich das überhaupt nicht beeindruckte, dass ich bei meinem Konzept blieb. Vielleicht verletzte er mich, aber ich schmunzelte ihm nur zu. Er wurde wütend und aggressiv und versuchte, noch unsauberer zu kämpfen. Ich rief ihm nur zu: »Okay, let's go – lass uns tanzen.« Das war oft das letzte kleine Bisschen, das den anderen brach, das machte nahezu jeden verrückt.

Auch hier erkennen wir genügend Parallelen zu unserem Berufsleben. Leider spielen unsere Konkurrenten und Kollegen nicht die ganze Zeit mit fairen Mitteln. Wenn wir uns auf solche Situationen vorbereiten, um nicht sofort aus dem Konzept zu geraten, wird uns das im Ernstfall helfen. Wir können uns sogar so weit trainieren, dass wir solche Attacken als Anerkennung verbuchen. Denn dass der andere zu solchen Mitteln greifen muss, zeigt uns doch nur, dass er uns ernst nimmt, dass er Respekt oder vielleicht sogar Angst vor unseren Fähigkeiten hat. Wir können unser Mindset so programmieren, dass wir das als Wertschätzung unserer Leistung verbuchen.

Ähnliches gilt übrigens auch für unser Auftreten vor wichtigen Konferenzen oder anderen Gesprächen: Die Körperhaltung setzt von Anfang an, aber auch während Meetings den Ton: Ist unser Kopf erhoben oder gesenkt, ist der Rücken gerade oder gebeugt, ist der Blick fest oder flackernd? Wer soll denn glauben, dass wir und unser Team Vollgas geben, wenn wir selbst wie ein Schluck Wasser in der Kurve hängen? Und wie viel wir erreichen können, wenn wir Ruhe ausstrahlen, und zwar gerade dann, wenn es hektisch wird, das ist erstaunlich. Deshalb: Crunchtime ist nicht nur auf der Matte.

Sei der Beste – oder tue wenigstens so

Ich selbst habe das mit den Jahren perfektioniert. Eine der prägendsten Erfahrungen auf diesem Weg war das Weltmeisterschaftsfinale in Las Vegas 2015. Ich war nach dem Halbfinale komplett im Eimer. Im Vorfeld hatte ich extrem viel abnehmen müssen, damals kämpfe ich bis 66 Kilogramm. Es folgten die Kämpfe und eben schließlich das Halbfinale, in dem ich meine letzten Reserven hatte mobilisieren müssen. Ich hatte gegen Davor Štefanek aus Serbien ranmüssen, der 2014 in Taschkent Weltmeister geworden und damit Titelverteidiger war. Mit Davor kreuzte ich nicht nur einmal die Ringerklingen, und es ging immer gut zur Sache. 2015 jedenfalls siegte ich mit 5:1, ein großer Erfolg. Das Problem: Ich war ja noch nicht Weltmeister. Auf dem Weg dorthin wartete im Finale ein weiterer Weltmeister auf mich, der Südkoreaner Ryu Han-su, der 2013 den Titel geholt hatte. Aber wie sollte ich gegen ihn gewinnen ohne Reserven und mit leerem Tank?

Vor meinem geistigen Auge sehe ich noch sehr gut die damalige Szenerie: Ich bin völlig ausgepumpt und habe nur noch knapp zwei Stunden bis zum Finale. Keine Chance, die Akkus wieder aufzuladen. Irgendwann, ungefähr fünfundvierzig Minuten vor dem Kampf, bemerke ich Ryu, der sich aufzuwärmen beginnt. Aber was heißt hier aufwärmen? Ryu absolviert im Backstagebereich gleich zwei Trainingskämpfe. Und ich breche fast zusammen: Während ich einfach alle bin, haut der mal schnell zwei Kämpfe runter, nur so zum Aufwärmen! Ich gucke ihn an, er sieht wirklich stark und topfit aus. Woher nimmt der nur die Energie?

Mein Trainer kommt und sagt zu mir: »Hey, lauf dich warm.«

Ich: »Ich habe keine Kraft mehr, um mich warmzulaufen. Ich bin tot.«

Er sieht es mir an, weiß, dass es keine andere Option gibt, und sagt: »Okay, dann gehen wir halt wirklich aus dem Kalten ins Finale und hoffen mal auf das Beste.«

Ich geh in die Katakomben, dann ins Stadion. Lange, dreißig Meter lange schwarze Katakomben. Ryu und ich stehen nebeneinander, bevor es reingeht, und da, in diesem Augenblick kommt mir einer der großartigsten Sprüche von Mohamed Ali in den Sinn, frei übersetzt: »Ich bin immer der Größte, und wenn ich es mal nicht bin, dann tue ich wenigstens so.« (»To be a great champion you must believe you are the best. If you're not, pretend you are.«)

So ganz verstanden hatte ich den Satz vorher nicht. Jetzt aber, in den Katakomben von Las Vegas, macht es Klick. Ich sehe zu dem Südkoreaner rüber, gehe auf ihn zu, grinse und rufe: »Hey man, good luck, good luck, you will need it.« Dann klopfte ich ihm selbstsicher auf die Schulter. Und danach passierte etwas völlig Verrücktes: Ich sehe, wie sich die gesamte Gestik und Mimik von Ryu verändert. Er redet mit seinen Trainern, zeigt immer wieder auf sich und dann auf mich. Seine Trainer und er diskutieren laut und wild, wieder und wieder gestikulieren sie in meine Richtung. Ich kann kein Koreanisch, aber ich stelle mir vor, dass sie vielleicht so etwas sagen wie: »Warum ist der Deutsche so locker? Warum ist der null nervös? Warum ist der nicht angespannt? Der hat sich nicht einmal warm gemacht, was ist da los? Ist der sich so sicher, dass er gewinnt?«

Wir marschieren in die Arena, und der Kampf beginnt. Von den ersten Sekunden an spüre ich, wie stark Ryu ist. Irre! Meine Strategie ist klar: Diesmal nicht abtasten, sondern sofort oder möglichst früh punkten. Und zwar in der ersten Minute punkten, aus der Bodenlage mit letzter Kraft einen Wurf auspacken, auf 5:0 davonziehen und dann die Führung irgendwie nach Hause bringen. Also Vollgas, während Ryu eher in der Abtastphase ist. Vielleicht ist er noch von meinem Auftritt vor dem Einmarsch beeindruckt, jedenfalls ringt er sehr abwartend, fast mit etwas Ehrfurcht, er attackiert gar nicht. Soll mir recht sein! Ich marschiere nach vorne, und nach knapp fünfzig Sekunden muss der Südkoreaner tatsächlich auf den Boden, ich mache die Punkte, es steht 5:0.

Ab jetzt verwalte ich die Führung und komme gut durch. In der fünften Minute, der Crunchtime, kapiert Ryu plötzlich: Der Deutsche da, der ist ja gar nicht so übermenschlich, im Gegenteil, der ist platt. Der Stäbler kann gar nicht mehr. Er legt los, kämpft und kämpft, bearbeitet mich, doch es ist zu spät, es reicht nicht mehr für ihn. Ich bringe die Führung über die Ziellinie und gewinne. Weltmeister! Das erste Mal seit 21 Jahren, dass ein Deutscher den Titel holt. Wahnsinn! Danach bricht es aus mir heraus: »Dafür habe ich die ganzen Jahre gearbeitet. Und ausgerechnet bei dieser gigantischen WM in der Wüste von Nevada hat es geklappt. Schon als Kind habe ich von diesem Gürtel geträumt.«

Damals, 2015, habe ich gelernt, wie wichtig es ist, diese Signale zu senden. Ob Ryu ohne meinen Trick gewonnen hätte, weiß ich nicht, das ist natürlich Spekulation. Doch ich habe dieses Game danach perfektioniert, und ich glaube, dass darin ein tatsächlich gar nicht so kleiner Teil meines Erfolges begründet ist. Mehr noch: Man kann diese Spielchen lieben lernen. Versteht mich bitte nicht falsch: Egal ob im Sport oder Beruf oder im Privaten, ich finde, es sollte immer fair zugehen. Gerade im Beruf kann man sich auch Vorteile erarbeiten, wenn es dabei sauber zugeht. Das funktioniert jedoch nur, wenn du wirklich tief in dir an diese Sache glaubst. Ist das nur eine Maske und aufgesetzt, dann wird die Maske fallen. Die Wahrheit zeigt sich dann sehr schnell.

Bei Olympia 2012 kämpfte ich gegen Justin „Harry" Lester. Der Amerikaner war Favorit, es war erst mein zweiter Kampf bei Olympischen Spielen. Wir standen in den

Katakomben nebeneinander, und plötzlich fing Lesters Trainer an, ihn anzustacheln: »You are the best, the german is nothing, you're gonna break him, you're gonna kill him ...« So ging das pausenlos, und ich fragte irgendwann meinen Coach: »Hey, willst du mich nicht auch motivieren?« Er meinte nur: »Das ist nur aufgesetzt. Du brauchst das nicht. Du trägst das im Herzen.« Der Kampf begann, und ich spürte, dass mein Coach recht hatte. Ich fegte Lester von der Matte und wusste danach: Echte Überzeugung kannst du nicht faken. Jede Show nützt dir nichts, wenn sie nur aufgesetzt ist. Echte Überzeugung trägst du in dir.

Als Gegenbeispiel kommt mir mein vielleicht größter Kampf in den Sinn, 2018 in Budapest. Wieder eine Weltmeisterschaft, ich könnte zum dritten Mal den Titel holen, historisch. Damals rang ich bis 72 Kilogramm, und da die Klasse vom Weltverband erst kurz vor der WM beschlossen worden war, hatte man am Finaltag eine Gewichtstoleranz von zwei Kilogramm eingeräumt, also war es de facto die Klasse bis 74 Kilogramm. Würde ich gewinnen, wäre das der dritte Titel in drei unterschiedlichen Gewichtsklassen. Das hatte noch nie ein Mensch zuvor im Ringen geschafft.

Im Finale wartete auf mich Bálint Korpási, ausgerechnet Korpási, muss man sagen. Bálint ist Ungar und stammt aus Budapest, er hatte also einen Heimkampf vor knapp 8000 frenetischen Fans. Sie alle wollten ihren Bálint siegen sehen, sie wollten, dass er einen Weltmeistertitel holt. Bálint kannte ich bereits aus der Bundesliga, er rang unter anderem für Mainz, Aalen und Adelzhausen, und unser letztes Aufeinandertreffen hatte Bálint für sich entschieden. 2016 war er Weltmeister geworden – in Budapest. Bálint kannte also diese Situation, und er wusste, wie er sich von seinen Landsleuten zum Titel pushen lassen konnte. Mit mir wiederum waren ungefähr achtzig Unterstützer gekommen, achtzig gegen 8000.

Die 8000 schrien wie verrückt, und wir waren noch nicht einmal eingelaufen. Kurz vor dem Einlauf ins Stadion beobachtete ich Bálint, der extrem fokussiert war und sehr sicher wirkte. »Es wird Zeit, das zu ändern«, dachte ich mir. Bálint ging vor mir, ich beschleunigte meine Schritte und schlug ihm von hinten stark auf die Schulter: »Hey, Bálint.« Er drehte sich um und guckte mich etwas verdutzt an. Ich grinste und meinte nur: »Welcome to my party tonight. Welcome to my party.« Ich lachte und lief weiter. Glaubt es oder nicht, aber ich wusste: Ich war ab sofort in Bálints Kopf. Der dachte: Was will der Stäbler? Ist der Typ verrückt? Das sind meine Landsleute, warum soll das hier seine Party sein?

Dieses »Welcome to my party« begleitet mich seitdem. Ich kann nur raten: Gerade die Situationen, die uns am schwierigsten erscheinen, müssen wir zu unserer Party zu machen versuchen. Wenn wir nicht nur Gast, sondern Gastgeber sein wollen, müssen wir übernehmen. Die Mentalität, zu agieren, selbst wenn wir scheinbar nur Nebendarsteller sind, kann Dinge grundlegend ändern. Dreistigkeit siegt, heißt es manchmal. Und ich glaube wirklich, dass wir, je knapper und enger die Angelegenheiten sind, desto kreativer oder »frecher« sein müssen. Sicher, das Risiko, dass wir blöd aussehen, wenn unsere Strategie nicht aufgeht, ist nicht gering. Aber ist das ein Grund, das Risiko nicht einzugehen?

2018 begann meine Party vor 8000 Zuschauern, die mich auspfiffen. Bálint war körperlich im Vorteil, weil er am Finaltag aufgrund der zwei Kilo Toleranz 74 Kilogramm haben durfte. Und er hatte auch nur elf Minuten gerungen, ich mit achtundzwanzig mehr als doppelt so viele wie er. Meine Auslosung war tough gewesen, weil in meinem Pool lauter Top-20-Leute waren und ich deshalb einige harte Brocken aus dem Weg hatte räumen müssen. Für Bálint, dessen Leistung ich keineswegs schmälern will, war es dagegen deutlich einfacher gewesen. Das wusste er. Und ich wusste, dass er das wusste. Deshalb: »Welcome to my party.«

Ursprünglich hatten wir geplant, dass ich erst einmal abwarten und blocken und versuchen würde, dass er sich auspowert und Energie lässt. Als ich aber die Energie spürte, die die 8000 Fans übertrugen, wusste ich instinktiv: Ich durfte Bálint gar nicht erst ins Rollen kommen lassen. Ich spürte, dass, wenn ich ihm hier eine Sekunde die Oberhand lassen würde, ich ihn nicht mehr kriegen würde, diese Euphorie würde ihn beflügeln und er mich einfach überrollen. Niemand wusste, dass ich in dem Moment, als ich die Matte betrat, beschlossen hatte, meine Strategie zu ändern. Nicht einmal meine Coaches ahnten das und Bálint schon gar nicht. Ich lege sofort los, und wie! In der Sekunde des Anpfiffs setzte ich zum Angriff an. Ich versuchte einen sogenannten Kopfhüftschwung, der für alle so unerwartet kam, dass es fast wie ein Faustschlag aussah. Bálint verhinderte den Punkt in der ersten Sekunde nur um wenige Zentimeter. Trotzdem war damit das Zeichen gesetzt, Bálint, die 8000 und alle Ringerfans der Welt sahen, dass ich nicht hier war, um zu verlieren. Nach knapp einer Minute erhielte ich einen Punkt, ich war aktiver. Bálint musste in die Bodenlage, ich durfte versuchen, ihn zu drehen. Ich hob ihn aus, doch es gelang mir nicht, Bálint verteidigte stark. Doch auch danach marschierte ich weiter und weiter, my party, und ich spürte, wie Bálint schwächer wurde.

Ich war komplett im Satori-Moment, komplett im Flow. Ich vergaß alles um mich herum und marschierte mit Bálint über die Matte. Extrem dominant. Er machte fast keinen einzigen Schritt nach vorne, sondern war andauernd im Rückwärtsgang. Dann der Schock: Ungefähr anderthalb Minuten vor Kampfende unterbrach der Schiedsrichter den Kampf. Ich wurde tatsächlich passiv gestellt und erhielt einen Strafpunkt. Ein Geschenk. Ungarn wollte in Ungarn einen ungarischen Weltmeister. Egal: Bei nur noch einer knappen Minute auf der Uhr drehte ich noch einmal richtig auf und machte den alles entscheidenden Punkt. Danach brachte ich diese 2:1 Führung über die Zeit und schrieb Geschichte. Die 8000 waren verstummt, die achtzig in Grün feierten. Welcome to my party.

- Ein kurzes Lächeln ist manchmal stärker als der härteste Wurf.
- Crunchtime ist nicht nur auf der Matte.
- Ich bin immer der Größte, und wenn ich es mal nicht bin, dann tue ich wenigstens so.

Alles im Leben passiert für mich

Das hier wird nur ein kurzes Kapitel, das ändert aber nichts an seiner Wichtigkeit.

Es kann in einem Kampf geschehen, vielleicht in der zweiten Minute, oder auch in einem Turnier, nach dem ersten oder zweiten Kampf. Es kann aber genauso gut auf einem Seminar geschehen, in einer Prüfungssituation oder sogar in einer Beziehung. Stell dir das so vor: Du hast dein Ziel klar formuliert, die Vorbereitung hat gepasst, der Start in den Kampf auch. Oder du hast die ersten zwei Fragen in der Prüfung oder die ersten zehn Minuten der Präsentation ohne Probleme hinter dich gebracht, es läuft. Bis zu diesem Augenblick. Aber dann geschieht es … Um in meiner Erfahrungswelt zu bleiben: Plötzlich macht der Gegner eine Aktion, mit der du nicht gerechnet hast, und er punktet. Du liegst plötzlich hinten, dein gesamter Matchplan ist über den Haufen geworfen. Alles, was du dir in der Vorbereitung zurechtgelegt hast, ist obsolet. Denkst du. Das stimmt natürlich nicht, denn ohne Zielformulierung und Vorbereitung wärest du gar nicht so weit gekommen, sondern vielleicht schon in der ersten Runde rausgeflogen. Doch so fühlt es sich jetzt an.

Was mir in solchen Momenten geholfen hat? Zwei Dinge: Erstens die Gewissheit, dass ich alles getan habe, was möglich war. Ich hatte die Rückschläge in der Vorbereitung eingeplant, aber auch im Kampf. Und zweitens der Satz: »Alles im Leben passiert für mich.«

»Alles im Leben passiert für mich«, das ist für mich über die Jahre zu einem der wichtigsten Mantras meiner Karriere und meines Lebens geworden. Warum? Weil dieser Satz verhindert, dass wir zu hadern beginnen. Was nämlich sagt der Gegner in deinem Kopf in einer solchen Situation? »Ausgerechnet mir muss das passieren. Immer mir. Ich habe so ein Pech, das war ja klar, dass passiert natürlich mal wieder mir.« Dieses Hadern ist ein fieser Feind, der in der Psyche von uns allen steckt. Er ist deshalb so fies, weil er erstens die Schuld von uns wegschiebt und zweitens eine bequeme Ausrede dafür bietet, sich aufzugeben. Ziel schon verfehlt, wir waren nicht mal selbst schuld, jetzt können wir aber auch das Gas rausnehmen. Das wirkt wie ein süßes, schleichendes Gift, das sich langsam ausbreitet und erst unseren Kopf und dann den ganzen Körper lähmt. Wenn wir unser großes Ziel nicht mehr erreichen können, dann müssen wir uns doch auch nicht mehr anstrengen und quälen, oder? Ist doch sowieso schon vorbei.

Ich glaube, dass das zutiefst menschlich ist. Umso mächtiger ist das Gegengift »Alles im Leben passiert für mich«. Weil dieser Spruch mir zuruft: »Es ist anders gelaufen als gedacht, klar. Aber jetzt mach was draus. Das passiert für dich, und du musst jetzt etwas daraus machen.« Das Leben testet mich vielleicht genau jetzt, in diesem Moment. Es testet mich, ob ich es wirklich will, ob ich es wirklich verdient habe, ob ich es wirklich wert bin, zu gewinnen.

Wer will denn bitte bei Olympia eine Hoffnungsrunde?

Das klingt einfach, ist es aber nicht, das weiß ich nur zu gut. Ich habe das in aller Brutalität erleben müssen, und zwar ausgerechnet in Tokio bei meinen letzten Olympischen Spielen: Nach Unstimmigkeiten mit meinem Heimatverein folgte das Ausweichen in den ehemaligen Kuhstall auf dem elterlichen Bauernhof, Long-Covid mit zwanzig Prozent reduziertem Lungenvolumen, Schultereckgelenksprengung. Und nicht zu vergessen: die Streichung meiner angestammten Gewichtsklasse. Das Leben servierte mir lauter Tests, ob ich es denn wirklich aus tiefstem Herz wollte. Und ich wollte. Ich hatte mich durchgebissen, hatte über acht Kilogramm abgenommen, war in der angestrebten Gewichtsklasse an den Start gegangen. Dann das Viertelfinale gegen Mohammad Reza Geraei aus Iran. Frühe Führung, läuft. Dann eine Punkt-um-Punkt-Aufholjagd meines iranischen Gegners, bis es auf einmal nur noch 5:5 steht. So steht es auch am Ende, und nach den Ringerregeln gewinnt der, der entweder die höhere oder die letzte Wertung gemacht hat. Bei der Höhe liegen wir gleichauf, aber die letzte Wertung, zwei mehr als fragwürdige und daher umstrittene Verwarnungspunkte, die hat Geraei »gemacht«: Ich bin draußen. Der Traum vom olympischen Finale – ausgeträumt. Das Ziel von Gold – kaputt. Und, noch mehr: Schon wieder Gewichtmachen für die Hoffnungsrunde. Was für ein besch… Begriff.

Und, noch brutaler: Mein Ziel ist futsch, und ich weiß gar nicht, ob ich weitermachen darf. Nur wenn Geraei am Abend das Halbfinale gewinnt, kann ich am nächsten Tag nochmal ran. Soll ich also erst einmal abwarten und nicht sofort Gewicht machen? (Ich musste am Kampftag wieder das Gewicht der Klasse haben. Da man nach dem Wiegen in der Regel isst und trinkt, wiegt man am zweiten Wettkampftag mehr.) Alle wollen mich davon abhalten und meinen: »Warte doch, sonst quälst du dich vielleicht umsonst.« Ich aber lasse mich nicht abhalten, nicht aufhalten. Nein – Bronze ist ab jetzt mein neues Gold.

Tatsächlich zieht Geraei ins Finale ein, und ich weiß: Ich werde morgen diese Medaille holen. Ich glaube, da hat auch irgendwie das Universum oder sonst irgendeine unsichtbare Kraft das Schicksal in die richtige Bahnen gelenkt, weil ich gezeigt habe: Okay, ich hadere nicht, ich nehme an und mache weiter. Und dafür wird man früher oder später vom Leben belohnt. Man bekommt, was man gibt, im guten wie im schlechten Sinn. Ich schaffe das Gewicht, und später werde ich in der *Frankfurter Allgemeinen Zeitung* dazu so zitiert: »Das ist ein komplett geisteskrankes System. Ich bin so froh, den Scheiß nie wieder in meinem Leben machen zu müssen. Das hat mich am Leben gehalten. Ich habe mir gesagt: Das letzte Mal! Das letzte Mal! Das letzte Mal!« Mindestens so wichtig war aber dieser andere Satz, den ich erst langsam in mir wiederfinden musste: »Alles im Leben passiert für mich.« Ich muss innerhalb weniger Stunden nicht nur die physische Herausforderung des erneuten Gewichtmachens überstehen, sondern die deutlich größere psychische. Ich muss mir sagen: »Bronze ist das neue Gold. Hol dir das!«

Wenn ich die Artikel und die Interviews zu diesem Turnier lese, bekomme ich Gänsehaut. In dem FAZ-Artikel werde ich noch weiter zitiert: »Ein Gefühl, das mich hoffentlich den Rest meines Lebens erfüllen wird.« Und: »Für mich ist diese Bronzemedaille wie eine olympische Goldmedaille.« Davor lagen Stunden des Leidens und vor allem aber Stunden des Akzeptierens und Annehmens. Ich wusste: Ich musste akzeptieren, dass ich nicht mehr Gold holen kann. Ich musste switchen, und zwar sofort, und Bronze als mein neues Ziel akzeptieren. Ich hatte immer gesagt, dass ich eine olympische Medaille wollte. Natürlich am liebsten eine goldene. Die war aber nicht mehr drin, doch eine Medaille schon noch. Und deshalb trichterte ich mir ein: Bronze ist das neue Gold. Und als es Bronze wurde, war es wie Gold. Weil ich im letzten Kampf wieder vorne gelegen und mein Gegner wieder aufgeholt hatte. Weil ich fertig war, einfach nur fertig und völlig platt. Weil es wieder danach aussah, als würde ich den Kampf verlieren, und noch einmal alles aus mir herausholte. Weil ich Bronze mit 5:4 holte und weil das vor allem ein Sieg des Kopfes war. Der Körper, der war schon längst raus. Doch die Überzeugung, dass all die Herausforderungen, die ich hatte überstehen müssen, am Ende auch für mich geschehen waren, die ließ mich dranbleiben. Sie hatte mich wachsen lassen, stärker werden lassen, sie hatte mich noch verbissener und härter auf mein Ziel hinarbeiten und an den Erfolg glauben lassen. All das war für mich geschehen.

Und all das half mir, Bronze wie Gold zu feiern und meinen Traum zu leben.

Echte Champions sind Meister der Improvisation

Wie ich das geschafft habe? Indem ich mir eine neue Realität schuf. Ich habe vorher schon davon erzählt, wie machtvoll das Visualisieren ist. So machtvoll, dass du jeden Erfolg zweimal erlebst. Gold konnte ich nun aber nicht mehr zum zweiten Mal erleben, das war weg, Silber auch. Nur noch Bronze stand in meiner Macht, und ich musste alles dafür tun. Der erste Schritt war: mir die neue Realität klarmachen und sie akzeptieren. So paradox sich das vielleicht anhört, das ist ein bisschen wie bei den Trauerphasen. Mein großer Traum war geplatzt, und das durfte ich auch betrauern. Doch dann ging es darum, diese Trauer zu akzeptieren und die neue Realität nicht nur anzunehmen, sondern auch zu gestalten. Ich machte mir bewusst, wie weit ich eigentlich gekommen war. Ich dachte an 2015, kurz vor der Weltmeisterschaft in Las Vegas. Damals hatte uns unser Bundestrainer gefragt: »Was sind eure Ziele?« Alle hatten die Olympiateilnahme als ihren großen Traum genannt, dafür musste man bei der Weltmeisterschaft unter die Top Fünf kommen. Ich antwortete, als ich gefragt wurde: »Wir fahren doch nicht zur WM wegen einer Top-Fünf-Platzierung.« Rückfrage: »Was ist jetzt dein Ziel?« »Weltmeister. Ich fahre nach Vegas um Weltmeister zu werden.« Gelächter. Ich hatte damals vor allen meinen Mannschaftskameraden das

Ziel laut, klar und eindeutig formuliert. Daran würde ich gemessen werden, und einige sagten auch zu mir: »Warum machst du das? Du kannst doch jetzt nur noch verlieren.« Der Bundestrainer sagte: »Okay, das ist mutig.«

Diese Szene hatte ich im Kopf, als ich gerade das letzte olympische Viertelfinale meiner Karriere verloren hatte. Und ich erinnerte mich daran, dass ich wirklich Weltmeister wurde, dreimal sogar, in drei unterschiedlichen Gewichtsklassen. Historisch! Ich war hier, in Tokio, weil ich all das als Ziele ausgegeben und sie auch erreicht hatte. Ich spürte plötzlich eine ungeheure Gewissheit: Ich war zu Recht hier. Ich hatte es verdient. Ich hatte es mir selbst verdient. Und ich verdiente jetzt einen entsprechenden Abschluss, wenn schon keinen goldenen, dann eben einen bronzenen. Nur das galt jetzt noch, und nur das war jetzt meine neue Realität – die Wirklichkeit wurde.

Ich habe oft darüber nachgedacht, wie diese Erfahrung Menschen in ihrem Job helfen könnte. Dabei ist mir aufgefallen, dass wir einerseits unsere Ziele klar formulieren und mit aller Kraft verfolgen müssen. Doch dass wir dann auch etwas gnädig mit uns sein müssen, wenn wir ein Ziel nicht erreichen. Ganz oft nämlich verstellt uns das eine große Ziel den Blick auf andere, scheinbar kleinere Ziele. Das muss auch so sein, sonst sind wir nicht fokussiert. Doch wir müssen in der Lage sein, umzuschalten. Unser Leben ist meistens kein »All or nothing«-Geschäft. Selbst wenn wir Ziele verfehlt haben, gibt es neue. Scheitern bedeutet, keine neuen Ziele anvisieren zu können. Zufriedenheit erreichst du, wenn du alles für dieses eine Traumziel gegeben hast, und ich meine wirklich alles. Dann ist es egal, ob du es wirklich erreichst oder gescheitert bist, denn dann warst du auf dem Weg zu deinen Träumen, und wer diesen Weg nimmt, kann überhaupt nicht scheitern. So erlangst du wahre Zufriedenheit, Balance und Erfolg im Leben!

So sehr wir uns an Zielen messen lassen sollten, so sehr gilt doch auch: Wir definieren die Ziele und nicht die Ziele uns. Deshalb können wir uns sofort neue stecken, wenn die alten nicht mehr erreichbar sind. Das ist die große Kunst, die wir gerade auch im Ringen während des Kampfs brauchen: Du hast eine taktische Marschroute, doch irgendwie geht die nicht auf oder irgendetwas Unvorhergesehenes passiert. Wer dann nicht nachjustieren kann, der verliert. Echte Champions sind Meister der Improvisation. Nur wer improvisieren kann, kann kontinuierlich gewinnen. Hierzu gehört auch wieder, auf seine Intuition zu hören und zu vertrauen. Wer intuitiv handelt, der improvisiert zugleich. Und nur wer sich eine neue Realität bauen kann, und sei es innerhalb weniger Minuten, wird selbst im scheinbaren Misserfolg Erfolg haben, Glück im Unglück. Wir sind nicht nur unseres Glückes Schmied, sondern auch der unserer Realität. Auch wenn die erst einmal anders aussieht als gedacht.

- Wir definieren die Ziele und nicht die Ziele uns.
- Nur wer improvisieren kann, kann gewinnen.
- Wenn du alles für dieses eine Traumziel gegeben hast, kannst du überhaupt nicht scheitern.

Entdecke das Geheimnis:
So werden wir unaufhaltsam

Vom Schöpfer des kleinen Prinzen, von Antoine de Saint-Exupéry stammt das schöne Zitat: »Das Geheimnis des Erfolges kennen nur jene, die einmal Misserfolg gehabt haben.« In diesem kurzen Satz steckt so viel Lebensweisheit drin. Ich liebe noch ein anderes Zitat von ihm: »Danke für die Rosen, danke für die Dornen.« Meine Karriere ist ein gutes Beispiel dafür, wie recht de Saint-Exupéry hat.

Schauen wir beispielsweise nur auf das Jahr 2014. Damals fand die Weltmeisterschaft in Taschkent statt. Ich hatte im selben Jahr bei der Europameisterschaft die Bronzemedaille geholt und war gut in Form. Das Turnier lief auch gut, bis ich auf Omid Noroozi aus Iran stieß. Der hatte 2012 in einer niedrigeren Gewichtsklasse olympisches Gold geholt und war auch schon Weltmeister gewesen. Nachdem ich gegen ihn superknapp mit 3:4 verloren hatte, war ich nicht nur aus dem Rennen um Gold, sondern vom Kopf her auch komplett aus dem Turnier. Obwohl ich noch Bronze hätte holen können, was auch ein riesiger Erfolg gewesen wäre, war ich mental down. Ich haderte: »Mein Traum ist kaputt, mein Traum ist kaputt …« Ich saß Stunden vor dem Stadion auf dem Parkplatz, weinte und bemitleidete mich selbst. Ich war so deprimiert, dass ich mich nicht einmal mehr richtig warm machen konnte. Mein Traum war Gold gewesen, Gold, Gold!

Ich war wie programmiert ins Turnier gegangen. Nun war das nicht mehr möglich, sondern im besten Fall Platz drei.

Im kleinen Finale stand mir Tamás Lőrincz gegenüber, den ich noch nie besiegt hatte. Ich war vom Abkochen noch völlig fertig, war dehydriert, vor allem aber war ich aber total demotiviert. Und mir gelang es auch nicht, mich noch einmal aufzurappeln und hochzufahren. Mein geplatzter Traum vom Weltmeistertitel hielt mich fest umklammert. Der Kampf begann, Tamás machte sofort Druck und packte meinen Arm. Armklammer nennen wir das im Ringen, und wenn es gut gemacht wird, ist das eine sehr wirkungsvolle Kontrollposition, die aber auch nicht unmöglich zu lösen ist. Für mich, an diesem Tag, war es aber unmöglich. Keine dreißig Sekunden waren um, und er hatte mich das erste Mal aus dem Ring geschoben. Ich hatte nicht einmal richtig dagegengehalten. Ich wusste in diesem Augenblick mit absoluter Gewissheit: »Diesen Kampf verliere ich.« Am Ende kam es exakt so, ich verlor deutlich und ohne große Gegenwehr. Tamás Lőrincz sollte einer der ganz wenigen Gegner bleiben, den ich nie besiegen konnte. Doch damals in Usbekistan hatte vor allem ich mich selbst besiegt.

Ein echter Champion ist flexibel, wahre Gewinnerinnen können loslassen

Die Niederlage im Halbfinale von Taschkent und dann die im kleinen Finale waren herbe Enttäuschungen für mich. Sie waren aber auch Lektionen, die ich gebraucht hatte.

Damals, vor nun fast zehn Jahren, lernte ich, wie wir mit Niederlagen umgehen müssen. Niederlagen können kleine Rückschläge sein, zum Beispiel innerhalb eines Kampfs oder auch eines Projekts, wenn der Start oder eine andere Phase nicht so verlaufen, wie wir das wollen und geplant hatten. Auch das sind Rückschläge, die wir erst einmal verdauen und verkraften müssen, und zwar oft innerhalb kürzester Zeit. Aber wir können daraus lernen.

2014 habe ich einen Rückschlag erlebt, ohne den ich sieben Jahre später kein olympisches Bronze geholt hätte. Das weiß ich mit absoluter Sicherheit. Ich habe mehrere Lektionen dabei gelernt, und die vielleicht wichtigste war: Wenn du an etwas zu verbissen festhältst, entgleitet dir wahrscheinlich das größere Ganze. Wenn du nicht lernst loszulassen, bist du wie ein Gefangener. Das Leben schreibt seine eigenen Gesetze, und ein echter Champion ist flexibel. Wahre Gewinnerinnen können loslassen. Erst wenn ich loslasse, kann ich den Rückschlag annehmen, kann ich das Mantra »Alles im Leben passiert für mich« umsetzen. Erst dann kann ich umschwenken, weitermachen, Erfolg haben.

Es mag banal klingen, doch flexibel zu sein bedeutet zu wissen: Ich kann die Vergangenheit nicht ändern, sondern nur die Gegenwart beeinflussen und damit die Zukunft. Und damit meine ich nicht nur ein rationales Wissen, sondern ein Wissen, das ich wirklich in mich aufgesogen habe. Kurz den Schmerz über die Niederlage fühlen, akzeptieren, annehmen und in Energie umwandeln.

Wir können das eins zu eins auf andere Lebensbereiche übertragen: Wenn nicht ich, sondern die Kollegin befördert wird, obwohl ich mir seit Jahren im Job den Allerwertesten aufgerissen habe, dann schmerzt das brutal. Wir dürfen dann auch enttäuscht sein, wir haben jedes Recht dazu. Aber wir müssen diese Enttäuschung akzeptieren, wir müssen sie in Energie umwandeln und wichtige Entscheidungen treffen: Soll ich härter arbeiten, sodass ich beim nächsten Mal auch wirklich dran bin? Will ich überhaupt in dem Laden bleiben? Wo sind meine Alternativen? Auch das gehört zum Loslassen dazu und kann eine Möglichkeit sein, aus der Enttäuschung heraus zu neuen Ufern aufzubrechen. Hauptsache, wir sehen nicht nur den gescheiterten Traum vor uns, sondern schmieden neue Träume.

Ich habe 2014 die Bronzemedaille verloren und bin Fünfter geworden, das war für mich die Holzmedaille, das war gar nichts. Da gab es keine Empfänge, keine Partys, keine Glückwünsche, keine Ehrung zum »Sportler des Jahres«. Alles war weg. Und warum? Weil ich mich nicht von meinem Goldtraum lösen konnte und eine kurze Zeit lang einen Durchhänger hatte. Und als mir 2021 in Tokio bei Olympia etwas Ähnliches passierte, hatte ich genau das verinnerlicht. Der Goldtraum war wieder geplatzt, wieder spürte ich die Versagensangst, wieder saßen meine beiden Monster auf der Schulter – doch diesmal ließ ich den Goldtraum los, um meinen Medaillentraum zu schützen. Ich konnte die Situation annehmen und sagen: »Bronze ist das neue Gold.« Und das war es.

Ich habe schon in anderen Kapiteln Joseph M. Marschalls Buch *Bleib auf deinem Weg* zitiert. In dem Büchlein finden sich inspirierende Geschichten, gerade auch zum

Ein echter Champion ist flexibel

Thema Rückschläge, Schmerzen, Angst. In einer dieser Geschichten spricht der alte Indianer darüber, wie wir mit den Stürmen des Lebens umgehen sollten, und um das zu illustrieren, zieht er verschiedene Tiere heran. Den Bison zum Beispiel, der immer im Zentrum des Sturms steht. Pferde dagegen suchen das Dickicht oder stehen mit dem Rücken zum Wind, Vögel wiederum stecken die Köpfe unter die Flügel. Der alte Indianer meint dazu: »Wie wir einem Sturm trotzen, ist wichtig. Genauso wichtig ist aber auch die Tatsache, dass wir einfach versuchen, ihn zu ertragen.« Danach erzählt der Alte von den Stürmen des Lebens, von den Niederlagen und dem Schmerz, den er und seine Frau ertragen mussten. Und er erklärt: »Stürme dauern nicht ewig, obwohl das Gegenteil der Fall zu sein scheint, wenn Wind und Kälte uns erbarmungslos beuteln. Es scheint auch, als wollte der Sturm uns mit aller Gewalt niederringen. Wir können dem Sturm nachgeben, indem wir uns zusammenkauern. Wir können ihm aber auch erneut entgegentreten, im Wissen, dass er vorübergehen wird. Dem Sturm entgegenzutreten, wie oft er uns auch zu Boden blasen mag, sollte uns lehren, dass wir nicht so stark sein müssen wie der Sturm, um ihm zu trotzen. Wir müssen nur stark genug sein, aufrecht zu stehen. Ob wir dabei nun vor Angst schlottern oder unsere Faust schütteln, wir sind so lange stark genug, wie wir aufrecht stehen.«

Aus dieser Stelle kannst du enorm viel ziehen, selbst wenn du vielleicht kein Indianerfan bist. Denn um Erfolg zu haben, brauchst du beides: das Wissen, dass jeder Sturm einmal zu Ende geht, und damit die Kraft, aufrecht zu stehen. Und eben die Fähigkeit, den Sturm zu akzeptieren und gleichzeitig loszulassen, um den nächsten Traum zu jagen. Der Sturm kann vielleicht den einen Traum wegblasen. Doch wenn er dich nicht wegreißt, schaffst du dir eben einen neuen Traum. Der Teufel flüstert dir in dein Ohr: »Ich werde dir einen Sturm schicken, den du nicht überleben kannst.« Du schaust den Teufel mit einem fetten Grinsen im Gesicht an und erwiderst: »Ich bin der verdammte Sturm.«

»Dann klau mir nicht meinen Traum«

Einer der schwersten Stürme, die ich in meiner Karriere aushalten musste, war für mich die Zeit kurz vor und dann bei den Olympischen Spielen 2016 in Rio de Janeiro. Ich war amtierender Weltmeister, nachdem ich in Las Vegas auf sensationelle Art und Weise Gold gewonnen hatte. Ich war in Topform und es stand das letzte Trainingslager vor den Spielen an. Noch acht Tage waren es bis Rio. Die letzte Woche stand im Zeichen extremen Abkochens, ich musste acht Kilo verlieren, um in der Klasse bis 66 Kilogramm starten zu dürfen. Das war hart und fordernd, aber es lief, ich war in der Spur. Am letzten Tag des Trainingscamps, also acht Tage vor den Spielen in Rio, hatten wir unsere Abschlussbelastung, drei Trainingskämpfe, danach standen nur noch Joggen und viel Schwitzen an, um die letzten Kilogramm zu verlieren. Also nichts Kampfspezifisches mehr, nichts, bei dem man sich verletzen könnte.

Der erste Kampf läuft super und auch der zweite. Einer noch, dann habe ich es geschafft, und die Vorbereitung ist im Prinzip abgeschlossen. Ich bin platt, so richtig müde, aber den einen Kampf kriege ich auch noch hin. Ziehen wir es durch. Der Kampf beginnt, ich schleppe mich durch, gleich haben wir's. Und wie in einem schlechten Film ruft der Bundestrainer: »Noch zehn Sekunden!« Kurz danach, also wirklich in den letzten paar Sekunden von vier langen und harten Vorbereitungsjahren, rutsche ich auf einem Schweißfleck auf der Matte aus. Mein Trainingspartner und sehr guter Freund Matthias Maasch fällt mir in den Fuß. Es schnalzt laut, mehr nicht. So ein banales, aber lautes Geräusch, mit dem dein Traum auseinanderbricht. Mit einem dämlichen Schnalzen sind vier Jahre Vorbereitung, vier Jahre Schinden und Quälen und Leiden, vier Jahre deines Lebens einfach weg.

Ich sitze auf der Matte, schaue in die Gesichter meiner Trainingspartner, meiner Coaches, und ich weiß, dass sie wissen: Das war's. Aus, vorbei. Wir sind Profis und wir können uns nichts vormachen. Ich habe damals schon mit meinem Mental-Coach gearbeitet, und ich wusste: Jetzt, genau jetzt muss ich mich in meine Blase, unter mein Schutzschild begeben, die Hoffnung bewahren, sonst ist es vorbei, alles vorbei. Ich meine: »Alles okay, wir gucken einmal, was wirklich passiert ist. Wir fahren zum Arzt und schauen, was geht.«

Wir fahren also ins Krankenhaus, die Untersuchungen laufen, dann kommt der Doktor und sagt: »Herr Stäbler, alles halb so wild.« Hoffnung, Erleichterung, Adrenalin. Und dann: »Ihr Syndesmoseband und die Außenbänder sind gerissen, aber wir machen jetzt einen Gips drum, und in drei Monaten sind Sie wieder fit.« Ich schaue ihn an und antworte: »Drei Monate? Ich werde nächste Woche Olympiasieger.«

Ich will den Chefarzt sprechen, der soll mir helfen, ich lasse mir doch so meinen Traum nicht kaputtmachen, meinen Traum weggipsen. Der Chefarzt kommt, doch statt mir zu helfen, lässt er mich erst einmal zig Unterlagen unterschreiben, durch die er die Verantwortung mir überträgt und sich davon entbindet. Er könne mich nur warnen. Das verstehe ich rechtlich natürlich, doch in diesem Moment ist es mir egal. Es ist das nächste Schnalzen, und ich will jetzt nur eines: meinen Traum beschützen.

Am nächsten Tag bestätigt der Doc unserer Nationalmannschaft leider die Diagnose: Syndesmoseriss. Das Syndesmoseband ist eines der elementarsten Bänder, das den Wadenknochen mit dem Fußknochen verbindet. Wenn das reißt, kann man das kaum tapen, man kann kaum spritzen, da knallt bei jedem Schritt Knochen auf Knochen. Diese Zusammenhänge weiß ich zu dem Zeitpunkt nicht, sie interessieren mich aber auch gar nicht. Null. Ich will nur raus.

Ich verlasse den Raum, stehe draußen an der Treppe, bei mir der Bundestrainer. Er legt den Arm um mich und sagt: »Ja, irgendwie scheiße gelaufen.« Ich weiß, was er damit ausdrücken will. Dass er die Verletzung total bedauert, dass er aber auch eine Entscheidung treffen muss. Die Entscheidung, dass ich nicht nach Rio fahre, sondern mein Ersatzmann, unsere deutsche Nummer zwei in der Gewichtsklasse. Er muss das so machen, das ist sein Job.

Ich weiß das, und ich unterbreche ihn: »Stopp, bevor du weiterredest: Du vertraust mir, oder? Vertraust du mir?

Er: »Ja, schon, aber warum fragst du mich das?.«

Ich: »Wenn du mir vertraust, dann klau mir nicht meinen Traum. Ich weiß nicht wie, aber ich weiß, dass das irgendwie funktionieren wird. Nimm mir nicht diesen Traum, sonst hat das für mich keinen Sinn mehr.«

Er guckt mich an und antwortet: »Okay, ich vertrau dir, du kriegst die Chance trotzdem.«

Am nächsten Tag nach diesem Gespräch begann die härteste Woche meines Lebens. Ich musste noch acht Kilo abnehmen, nur wie? Ich konnte ja nicht joggen oder mich sonst schneller bewegen. Ich spulte dann jeden Tag viele Stunden und Kilometer auf dem Ergometer ab, ohne starken Widerstand. Im Anschluss ging's in die Sauna, ich habe Stunden in der Sauna verbracht. Am Abend vor der Wage wurde ich noch spät abends zur Dopingkontrolle rausgezogen, die bis nachts um vier ging. Kein Schlaf, das Bein schmerzte stark, und durch das Abkochen konnte ich natürlich nicht mehr pinkeln, keine Akklimatisierung. Alles hat sich gegen mich verschworen, dachte ich, wie kann man nur so ein Pech haben. Es war brutal. Doch es klappte, am Tag des Wiegens hatte ich exakt 66,0 Kilogramm. Ab dann war ich komplett fokussiert auf das Turnier. Zuerst Warmmachen. Wir hatten den Fuß getapt, wir hatten mich gespritzt, doch ich spürte bereits bei den ersten Schritten vom Warmmachen: Das wird ein verdammt harter Tag.

Und es wurde ein verdammt harter Tag. Den ersten Kampf gegen Edgaras Venckaitis aus Litauen gewann ich noch ganz knapp – ein kleines Wunder, wenn man bedenkt, dass ich eigentlich nur mit einem Fuß kämpfte. Im zweiten musste ich gegen Davor Štefanek ran, den ich im Jahr zuvor in Las Vegas, als er aktueller Titelverteidiger war, im Halbfinale besiegt hatte. Diesmal verlor ich durch eine umstrittene Situation mit 2:6. Da Davor ins Finale einzog und später sogar Olympiasieger wurde, durfte ich noch einmal ran. »Durfte«! Ich war durch, und ich verlor nun auch meinen Kampf gegen den Japaner Tomohiro Inoue. Wenige Sekunden vor Kampfende führte ich noch mit 2:1, aber dann knickte der Fuß weg, und ich gab den entscheiden Punkt zum 2:2 noch ab, der letzte Punkt gewinnt. Damit war ich draußen. Statt Gold und Platz eins blieb mir nur Platz sieben.

Für mich brach eine Welt zusammen, der Boden unter meinen Füßen war verschwunden, ich fiel in ein tiefes Loch. Wegen der verpassten Olympiachance, wegen diesem besch… Schnalzen acht Tage zuvor – und wegen der Reaktionen nach meinem Ausscheiden. Wir hatten die Verletzung bewusst verschwiegen, weil wir keine Schwäche zeigen, keine Vorabausreden suchen wollten. Und wir wollten die Gegner nicht mit einer Information versorgen, die sie im Kampf nutzen konnten, um ihre Taktik auf meine Verletzung hin umzustellen. Wir ließen also nichts nach draußen dringen, und erst nach meinem Ausscheiden erklärte ich die Situation. Doch das interessierte kein Schwein. Die Schlagzeilen lauteten je nach Laune: »Stäbler versagt«, »Stäbler enttäuscht« oder »Stäbler außer Form«. Du kannst dir etwas aussuchen. Das tat weh und vergrößerte den Schmerz über meinen geplatzten Traum. Ich konnte es nicht fassen: Ich hatte jahrelang alles geopfert, ich hatte nach der Verletzung nicht entmutigt aufgegeben, ich hatte mich durch die schlimmste Woche meines Lebens gequält, ich hatte das Gewicht gebracht, ich hatte den ersten Kampf gewonnen und gegen den späteren Olympiasieger verloren. Und für die Öffentlichkeit war ich nur »außer Form«, hatte »versagt« und alle »enttäuscht«.

An der Art und Weise, wie ich das schreibe, wie das hier aus mir herausbricht, kannst du vielleicht noch die Enttäuschung und den Schmerz spüren, die ich damals gefühlt habe. Deshalb wird es für dich sicherlich paradox klingen, aber: Ich habe zwar einige Zeit gebraucht, um diesen Schmerz zu akzeptieren, und ich habe viel Kraft benötigt, um in diesem Sturm aufrecht stehen zu bleiben. Doch irgendwann habe ich erkannt, dass dieser siebte Platz das Beste war, was mir passieren konnte. Wie gesagt, bis zu dieser Erkenntnis hat es gedauert, doch irgendwann begriff ich: Wäre der Traum damals in Erfüllung gegangen, wäre es damit auch vorbei gewesen. Ich wäre Olympiasieger gewesen – und dann? Was wäre dann gekommen? Und hätte ich ohne die Verletzung, ohne die Mattenenttäuschung und ohne den Shitstorm danach herausgefunden, wer wirklich hinter mir steht? Wer wirklich zu meinem Umfeld gehört, das mir guttut und mich stark macht? Ich glaube nicht.

Und, noch wichtiger: Ohne diesen Rückschlag hätte ich nie herausgefunden, wie man seinen Traum beschützt, selbst wenn alle anderen ihn aufgegeben haben. Als mein Traum in einer Trainingshalle in Niederbayern wegschnalzte, habe ich wirklich das Geheimnis zu begreifen begonnen, wie man seinen Traum oder seine Träume beschützt. Und dieses Geheimnis war mehr wert als vieles in meinem Leben. Weil mein Leben nie und nimmer so verlaufen wäre, wie es verlaufen ist. Weil dieses Geheimnis, wenn wir es einmal zutiefst verstanden und verinnerlicht haben, uns eines werden lässt: unaufhaltsam. Sei dankbar für die großen Rückschläge und Täler! Als mir bewusst wurde, dass es ab jetzt eigentlich nie wieder schlimmer werden kann als das was ich schon durchgestanden hatte, war ich erlöst, war ich frei und startete einen Lauf: 61 Profikämpfe in Folge, über drei Jahre ungeschlagen! Ein Rekord nach dem anderen wurde gebrochen. Und alles nur dank der Erfahrung von Rio. Ich wurde unaufhaltsam, nicht wegen meiner Triumphe, sondern wegen der Schmerzen am Boden!

Ohne Rückschläge kein Erfolg. Wenn du im Himmel wandern möchtest, musst du zuvor die Hölle durchqueren. Das ist so im Leben. Fünf Jahre nach Rio, bei den nächsten Olympischen Spielen, hat sich der Kreis für mich geschlossen, hat sich die Trauer von Rio in die Freude von Tokio verwandelt. Ich nehme dich auf eine Zeitrafferreise in die letzten Monate meiner letzten Olympischen Spielen mit, weil sie wie eine Zusammenfassung meiner Karriere ist, und weil diese Reise zeigt, dass und wie Rückschläge und Erfolge untrennbar zusammenhängen.

Ziemlich genau zwölf Monate vor den ursprünglich für 2020 angesetzten Olympischen Spielen in Tokio zerstritt ich mich komplett mit meinem Heimatverein. Über die Hintergründe ist genug geredet und geschrieben worden, das will ich hier nicht noch einmal aufwärmen. Jedenfalls wurde mein Training in der städtischen Halle stark eingeschränkt. Natürlich hätte ich bei einem anderen Verein – es gab über dreißig Angebote – unterkommen können, doch dann hätte ich mein Umfeld verlassen müssen. Und wie zentral das Umfeld für mich ist, habe ich bereits beschrieben. Das war also keine Option. Ich musste anders planen, und das tat ich: Ich besorgte mir eine eigene Matte und legte sie in den alten Kuhstall meiner Eltern. Stall statt Halle, egal. Dann startete ich meine Vorbereitung für das (hoffentlich) letzte Hurra meiner sportlichen Karriere eben so.

Doch dann brach die Corona-Pandemie über uns herein, und die Spiele mussten verschoben werden. Natürlich steht das in keinem Verhältnis zu den Schrecken der Pandemie und den zahlreichen Opfern, die die Pandemie gekostet hat; aber für mich bedeutete die Verschiebung trotzdem noch einmal ein komplettes Jahr Ringen, und das war hart. Denn ich hatte ja sehr bewusst mein Karriereende für den 5. August 2020 geplant und bekanntgegeben, weil mein Körper nicht mehr konnte und ich am Limit war. Statt also noch zwei Monate Entbehrung waren es nun plötzlich vierzehn!

Und als ob diese beiden Hürden nicht schon hoch genug gewesen wären, stellte man mir eine dritte in den Weg: Meine olympische Gewichtsklasse wurde gestrichen. Jahrelang hatte ich im Weltverband dafür gekämpft, einen besseren Weg als das brutale und gesundheitsgefährdende Abkochen zu finden, hatte über alternative Gewichtsklassen und andere Möglichkeiten diskutiert. Nun also diese Entscheidung, und ich hatte ein Problem, ein massives Problem. 2020 war ich in Rom bis 72 Kilogramm Europameister geworden, das hatte wunderbar gepasst. Doch diese Klasse existierte nun nicht mehr, und ich musste mich entscheiden: bis 77 Kilogramm zu ringen, war unmöglich, der Gewichtsunterschied, der aus dem Unterschied an reiner Muskelmasse in dieser Klasse existiert, wäre für mich nicht zu kompensieren gewesen, zumindest nicht für die absolute Weltspitze. Die Alternative wiederum, die Klasse bis 67 Kilogramm, war weit entfernt, und zwar so weit, dass ich sie mit normalem Abnehmen nicht erreichen konnte. Ich entschied mich für die zweite Unmöglichkeit, die Klasse bis 67 Kilogramm, und begann nach Wegen zu suchen, die mich dorthin führen konnten. Ich wollte zum Möglichmacher des Unmöglichen werden.

Ich mache es kurz: Zusammen mit dem Ernährungswissenschaftler Wolfgang Feil stellte ich meine Ernährung und damit einen großen Teil meines Alltags komplett um. Zugleich veränderte ich auch mein Training: Ich musste nicht mehr nur zwei, sondern vierzehn Monate durchhalten und deshalb mein Training anpassen und auch meine Ringweise, meinen Stil noch einmal komplett überdenken und verändern. Die vierzehn Monaten liefen dann natürlich auch nicht ohne Rückschläge, einige Monate vor den Spielen riss ich mir zwei Bänder in meiner Schulter und sollte operiert werden. Wir entschieden uns dagegen und damit für den Olympiatraum – und für die Schmerzen. Wieder passten wir das Training an. Mein Trainer Andi sagte damals zu mir: »Rio de Janeiro ist schon lange her – höchste Zeit, dass du wieder lernst, mit Schmerzen klarzukommen.« Auf andere mag das etwas brutal und fast zynisch wirken. Für mich waren es genau die richtigen Worte. Andi erinnerte mich an Rio und den bis dato größten Rückschlag meiner Sportkarriere. Jetzt konnte ich beweisen, wofür das gut gewesen war.

Als ob das Universum, der Olympiagott oder sonst wer mich testen wollte, ob der Olympiatraum wirklich real war und ob ich die Medaille wirklich wollte, erkrankte ich schließlich auch noch an Corona. Auch hier: Ich weiß, dass zahlreiche Menschen an einer Infektion gestorben sind und dass viele längere und heftigere Folgeschäden erlitten haben. Ich will das nicht ausblenden, wenn ich davon erzähle, dass bei mir Long-Covid diagnostiziert wurde. Konkret bedeutete das, dass ich als »Belastungsasthmatiker« galt, mit einem um zwanzig Prozent reduzierten Lungenvolumen und Leistungsvermögen. Weder Ärzte noch Trainer glaubten daran, dass ich bei dieser Ausgangssituation in der Lage sein würde, bei Olympia anzutreten, geschweige denn konkurrenzfähig zu sein.

Ich sollte eine Ausnahmegenehmigung für starke Asthmasprays und -medikamente bekommen. Das war kein Doping, befand sich aber in einer Grauzone, und das wollte ich nicht. Ich hatte mein ganzes Leben ohne Hilfsstoffe hinbekommen, da wollte ich nicht im letzten Anlauf noch damit anfangen. Und nebenbei: Was hätte mir am Ende eine Olympiamedaille gebracht, wenn ich wissen würde, dass ich sie nur aufgrund der Medikamente gewonnen habe? Nein, nein, es musste anders gehen. Ich lief von Pontius zu Pilatus, um Lösungen zu finden, bis ich schließlich begann, mit Yasin Seiwasser zu arbeiten, von unserem Kennenlernen habe ich dir schon erzählt. Zusammen mit Yasin kümmerte ich mich in erster Linie um den Bereich des Atmens und die mentalen Aspekte. Stück für Stück schafften wir es, mich zurück in die Belastungsfähigkeit und zu einer Leistungsstufe zu führen, von der aus ich noch einmal zum großen Sprung und dem Griff nach den Sternen ansetzen konnte. Wir nutzten neue, teilweise komisch wirkende Techniken, die aber wirkten.

Etliche Teamkameraden und selbst Freunde haben mich in dieser Zeit oft gefragt, weshalb ich mir das antue. »Du kannst doch nicht gewinnen, du kannst doch nur verlieren«, hieß es. Oder: »Du bist Weltrekordhalter, wenn du dieses Risiko eingehst, machst du dein Denkmal kaputt. Warum?« Oder: »Du hast doch schon so viele Kämpfe gewonnen, und jetzt willst du das Risiko eingehen, am Ende deiner Karriere sang- und klanglos unterzugehen und mit einer frühen Niederlage abzutreten.« So ungefähr lauteten die Fragen. Und manche meinten es tatsächlich gut, weil sie nicht wollten, dass ich meine Karriere beschädigte. Ich verstehe dieses Gefühl und auch, dass sie es gut meinten mit mir. Doch all das konnte mich nicht umstimmen. Denn was sie nicht wussten: Ich hatte ein Versprechen gegeben, das stärkste Versprechen überhaupt, ein Versprechen an mich selbst. Es gibt kein stärkeres und machtvolleres Versprechen als das, das du dir selbst gibst. Ich hatte mir in Rio de Janeiro noch in den Katakomben unter Tränen versprochen, dass ich eines Tages diese verdammte olympische Medaille in meiner Hand halten würde. Und dass ich alles dafür tun würde, alles Mögliche, egal, wie viel es mich kosten würde. Es wäre einfacher gewesen, aufzugeben, ja, es hätte genügend tolle Gründe dafür gegeben. Aber aufzugeben, es nicht versucht zu haben, mein Versprechen gebrochen zu haben, das hätte mir mehr wehgetan als alles andere. Diesen Schmerz wollte ich nicht erleben. Dann lieber noch einmal all die anderen Schmerzen für die letzten Monate als diesen einen Schmerz für immer.

Die Big Points des Lebens

Zum Abschluss dieses Kapitels noch einmal kurz ein paar Worte über die Kunst, unaufhaltsam zu werden. Wir müssen dafür das Geheimnis entschlüsseln und verinnerlichen, wie wir unseren Traum beschützen können. Für Unaufhaltsamkeit braucht es aber noch mehr, Geduld und Durchhaltevermögen zum Beispiel. Ich habe für mich eine Methode gefunden, die mir die Kraft und Geduld gibt, durchzuhalten und immer weiter auf meine Ziele und Träume hinzuarbeiten. Diese Methode ähnelt dem, was ich vorher schon einmal beschrieben habe, als es darum ging, dass manchmal gerade der Schritt zurück die Grundlage dafür ist, dass wir wieder Schritte nach vorne gehen können. Hier geht es aber nicht um den Schritt zurück, sondern den Blick zurück – und dann natürlich wieder um den Blick und die Schritte nach vorne.

Ich war zarte siebzehn Jahre alt und steckte in einer Phase meines Lebens, in der gar nichts lief: schlechte Noten in der Berufsschule, Stress mit der Freundin, draußen war Winter, und ich war körperlich angeschlagen, dauernd erkältet. Damals trainierte ich immer morgens vor der Schule. An einem Tag stand ein Zehnkilometerlauf um halb sieben am Morgen auf dem Trainingsplan. Ich wache auf, gucke raus, Schneeregen und auf dem Thermometer ein Grad. Ich bin erkältet, ich habe keinen Bock, ich rufe meinen Coach Andi an. Ich erkläre ihm, dass ich angeschlagen bin und das Wetter mies ist, und ich schlage vor: »Hey, bevor ich mich ganz erkälte, lass uns heute lieber eine Pause machen. Das ist doch besser, und ich kann morgen wieder erholt und mit Vollgas trainieren.«

Andi antwortet nur: »Hey, das ist ja super, richtig geil.«

Am frühen Morgen so viel Enthusiasmus, ekelhaft. Ich kapiere es nicht, frage nach.

Andi: »Heute, verdammt noch mal, heute holst du dir einen Big Point.«

Ich: »Was ist das?«

Andi: »Schau, wenn du gut drauf bist, wenn du glücklich bist, wenn du im Flow bist, dann kannst du gut sein und alles geben. Das kann jeder. Aber im Leben gewinnt der, der weitermacht, wenn es hart wird, wenn es schwierig wird, wenn dir schwere, fast unüberwindbare Steine in den Weg gerollt werden. Genau hier trennt sich die Spreu vom Weizen.«

Pause. Und dann noch einmal Andi: »Jetzt zieh dich an, geh raus und absolvier dein Training. Du musst heute keine Rekorde brechen. Du musst einfach nur durchziehen. So ein Tag ist dann zehnmal so wertvoll, wie wenn du gut drauf bist und du gut gelaunt dein Training absolvierst. Das sind die Big Points im Leben.«

An diesem Morgen hatte ich das Konzept von den Big Points des Lebens verinnerlicht. Vor allem im letzten Jahr meiner Karriere, als ich jeden Morgen aufwachte und mir kaum die Socken anziehen konnte, dachte ich mir immer: »Okay, schon wieder die Chance auf einen Big Point. Schon wieder zehn Schritte der Konkurrenz voraus.« Das hat mich Tag für Tag getragen.

Und neben diesem Gedanken an die Big Points habe ich eine Methode entwickelt, die mir zusätzlich geholfen hat und auch jetzt noch hilft: die Achttausender-Methode. Diese Methode beruht wieder auf der Kraft der Visualisierung und der Kraft des Unbewussten. Ich habe dabei alle meine großen Träume visualisiert, sie mir konkret vorgestellt. Wie ich sie erreiche, wie das Gefühl dann ist. Und ich habe jeden Traum mit einem Achttausender gleichgesetzt.

Es gibt vierzehn Achttausenderberge auf der Welt, den Mount Everest und den K2 natürlich, den Nanga Parbat und den Manaslu und noch zehn andere. Jeder dieser Gipfel stand für einen Traum, für ein Ziel. Probier das aus, nimm dir deine Träume und verbinde sie mit jeweils einem Gipfel. Und jetzt stell dir vor, du verfolgst deinen Traum, du bist über fünftausend Meter geklettert und kannst nicht mehr. Du bist am Ende, der Abschnitt vor dir ist extrem schwierig, du hast keine Kraft mehr, und vielleicht wächst auch die Angst in dir. Genau in diesem Augenblick begehen viele einen elementaren Fehler: Sie bleiben stehen und gucken nur nach oben. Sie denken: »Oh, der Gipfel ist noch so weit weg, er liegt in den Wolken verborgen, ich kann ihn ja nicht einmal richtig erkennen. Vor mir aber dieser krasse Felsvorsprung und dann noch dieser Anstieg, ich bin doch schon am Ende.« Die Menschen sehen und denken das, und sie geben auf. Dabei müssten sie nur etwas anderes machen: Wenn du das nächste Mal vor solch einem Felsvorsprung stehst und nicht weiterkannst, wenn du am Ende deines Lateins bist, mach eine kurze Pause. Sammle dich, atme einmal tief durch, dreh dich um und schau zurück. Schau nicht nach oben, sondern schau runter ins Tal und mach dir bewusst, wie weit du schon gekommen bist. Es liegen doch schon fünftausend Meter hinter dir. Das ist mehr als die Hälfte des gesamten Aufstiegs und damit mehr, als noch kommt. Und frag dich dann, warum du dich unten im Tal auf den Weg gemacht hast, frag nach deinem Warum und dem Sinn deiner Reise. Und wenn du dieses Warum wieder in dir gefunden hast, stell dir den Achttausender vor. Das ist dein Traum. Das ist der Gipfel, der vor dir liegt und dem du schon fünftausend Meter näher gekommen bist. Sag dir noch einmal: Du hast schon so viel geschafft, und das Tal liegt bereits so weit unter dir, du wirst auch die letzten dreitausend Meter schaffen. Dann dreh dich um und geh weiter, Schritt für Schritt, step by step, einfach immer weiter, unaufhaltsam. Wenn du wieder eine Pause brauchst, nimm sie dir. Dreh dich um, blick zurück, das Tal ist noch kleiner geworden und der Weg nach oben kürzer. Dann wieder, Schritt für Schritt.

Du kennst vielleicht diese alte Weisheit: Nie zurückblicken, immer nur nach vorne schauen. Ich sage: Schwachsinn. Manchmal hilft es, zurückzuschauen und zu sehen, was du schon geschafft hast. Das bringt dir neue Energie, um dich dann wieder umzudrehen und weiterzugehen. Wer nie zurückschaut, kommt oft nicht wirklich vorwärts. Und unaufhaltsam sein bedeutet nicht, nicht auch einmal stehenzubleiben und eine Pause zu machen. Es bedeutet nur, dann wieder weiterzugehen. Mal schneller und mal langsamer. Hauptsache weiter voran und nach oben.

- »Wenn du mir vertraust, dann klau mir nicht meinen Traum.«
- Wer nie zurückschaut, kommt oft nicht wirklich vorwärts.
- Es gibt kein stärkeres und machtvolleres Versprechen als das an sich selbst.

Abflug

Als ich meine Karriere beendet hatte, geschah etwas Interessantes: Es kamen viele Leute zu mir und fragten mich, was ich denn jetzt tun würde. Ich erzählte ihnen von meinen Ideen und Visionen, von meinen Kooperationen und meinen Projekten. Ich erklärte, was ich im Kapitel zu den Themen Vorbereitung und Vorsorge geschrieben habe. Ich erzählte auch, wie sehr ich mich auf die Zeit mit meiner Familie freute, mit meiner Frau und den Kids in unserem neuen Haus. Auf die Möglichkeit, öfter Freunde treffen zu können und nicht mehr den Großteil meiner Zeit in der Trainingshalle verbringen zu müssen. Und ich erzählte von meiner Freude darauf, Sport treiben zu können, nicht um mich zu verbessern und Rekorde zu jagen, sondern einfach nur, um mich fit zu halten und weil es mir guttut. Die anderen hörten sich das an, und vor allem wenn es um neue Projekte ging, sagten sie nicht selten: »Ah, jetzt ist das schöne Leben vorbei. Nicht mehr die ganze Zeit durch die Weltgeschichte reisen, mit Sportkameraden abhängen und dann bisschen herumringen – jetzt musst du das erste Mal in deinem Leben wirklich arbeiten.« Am Anfang habe ich mich noch gerechtfertigt und wollte sie vom Gegenteil überzeugen. Ich antwortete: »Alter Schwede, du hast ja so etwas von keinen Plan vom Leben.« Später, wenn ich gemerkt hatte, dass mein Gegenüber mir mit solchen Aussagen nur seine Missgunst ausdrückte, sagte ich: »Vieleicht mache ich nur noch Urlaub.«

Das war irgendwann meine Lieblingsantwort, die ich mir zurechtgelegt habe, wenn ich gefragt wurde: »Ja, und jetzt? Jetzt beginnt der Ernst des Lebens auch mal für dich. Was machst du jetzt?«

Ich: »Ich nehme Urlaub.«

Sie: »Ja, ja, ja, und dann nach deinem Urlaub, was machst du dann?«

Ich: »Ja, Urlaub.«

Sie: »Ja, aber wenn der Urlaub vorbei ist, was machst du dann?«

Ich: »Wieso ›wenn er vorbei ist‹? Das ist der Rest meines Lebens. Jetzt ist Urlaubszeit mit der Sonne im Gepäck.«

Die allermeisten haben kapiert, dass ich einen Scherz machte. Weniger verstanden haben sie, was ich mit »Urlaubszeit« und dem anderen meinte. Natürlich nicht, dass ich von jetzt an nur noch am Strand oder in der Hängematte liegen würde. Ziele gehören zu meinem Leben dazu, und das wird immer so sein. Doch ich weiß, dass für mich der bislang wichtigste Abschnitt meines Lebens geendet hat, und zwar so, wie ich es mir erträumt hatte. Erträumt und erarbeitet. Ich habe meinen »Job« erledigt – und jetzt nehme ich Urlaub von diesem Job. Ich habe mir die Grundlagen – du erinnerst dich, it's all about basics! – geschaffen, dass ich jetzt in eine Urlaubszeit eintauchen kann, in der ich natürlich neue Aufgaben übernommen habe und übernehmen werde. Doch ich genieße diese Zeit und alles, was ich mir erarbeitet habe. Erlitten, im übertragenen Sinne.

Zu wissen, dass ich so viele meiner Achttausender bewältigt und bis zum Gipfel bestiegen habe, das ist ein unglaublich befriedigendes Gefühl. Dieses Gefühl nehme ich mit – in den Urlaub. Urlaubsfeeling. Denn wie ich schon gesagt habe: Wer etwas leistet, soll sich etwas leisten (können). Darf sich etwas leisten.

Und was kommt danach?
Der Weg zum inneren Millionär

Wir hatten gerade Urlaub und die Zeit, etwas auszuspannen. Wir konnten uns etwas leisten, da wir etwas geleistet hatten. Und damit kommen wir auch an das Ende des Buchs und das Ende eines Zyklus aus Zielsetzung, Vorbereitung, der Zeit kurz vor dem Kampf oder einer Präsentation oder dem Vorstellungsgespräch, dem Kampf selbst mit seinen unterschiedlichen möglichen Phasen und der Zeit danach. Diese Zeit danach kommt zwar zum Schluss und mag auf den ersten Blick ein wenig nebensächlich wirken, sie ist aber extrem wichtig. Warum? Weil in ihr der Anfang für einen neuen Zyklus steckt. Das kann ein neuer Kampf sein oder ein neues Turnier, ein neues Projekt oder das nächste Verkaufsgespräch; es kann aber auch ein komplett anderer Lebensabschnitt sein, beispielsweise eine neue Partnerschaft oder ein Arbeitsplatzwechsel, womöglich sogar ein völlig neuer Tätigkeitsbereich, wie bei mir. Für diesen nächsten Zyklus, so ähnlich oder so anders er auch sein mag, brauchen wir Energie, Gelassenheit, Motivation, Neugier und vieles mehr. Und all das holen wir uns in der Zeit nach unserem Erfolg – oder wir holen es eben nicht.

Es gibt zahlreiche Beispiele von Sportlerinnen, Schauspielern oder Unternehmerinnen, die erzählen, dass sie nach einem großen Erfolg erst einmal in ein Loch gefallen sind. Bei mir war das nach Tokio anders. Ich habe nicht mehr trainiert, sondern das Leben genossen. Aber warum bin ich nicht wie viele andere vor mir in solch ein Loch gefallen? Und kann man das als Methode lernen? Ich will mich nicht auf das Feld der Psychologie begeben, wenn es um Depressionen und andere Dinge geht. Das überlasse ich lieber den Experten. Doch ich kann aus eigener Erfahrung als Sportler und jetzt als Mental-Coach und Speaker beschreiben, wie wir mit Erfolg – die Niederlagen haben wir ja vorhin schon besprochen – und der Zeit danach umgehen. Oder, um im Bild der vorherigen Kapitel zu bleiben: Wie klappt der Abstieg vom Gipfel des Achttausenders, und was kommt danach?

Ich bin nach der Karriere also in kein Loch gefallen. Das hatte zum einen etwas mit der Vorbereitung zu tun, die ich schon Jahre zuvor für die Zeit nach dem Ringen begonnen hatte. Ich treffe auch heute noch so viele Menschen, die mit einer »Schaun wir mal«-Mentalität rangehen. Ganz nach dem Motto: Lass mich erst einmal den Erfolg holen und dann gucken wir weiter, es ergibt sich bestimmt etwas. Doch was, wenn sich nichts ergibt, weil wir nichts geplant haben? Dann vergeht Monat um Monat, schon lange fehlen uns Anerkennung und Applaus, Bestätigung und Adrenalinschübe. Wir werden nervöser und nervöser, und irgendwann verzweifeln wir. Doch Verzweiflung zieht keinen Erfolg an. Deshalb: Nicht nur die Zeit zum Kampf, sondern auch die danach muss vorbereitet sein.

Es gibt aber noch einige andere Faktoren, die mir dabei halfen, dem »Ziel-erreicht«-Loch zu entkommen, und die vielleicht noch wichtiger waren und sind als die Vorbereitung. Einer dieser Faktoren hängt eng mit dem zusammen, was ich in dem Kapitel über die kleinen Siege erzählt habe. Dabei ging es darum, dass wir die kleinen Siege feiern müssen, um uns zu motivieren und uns immer wieder einen Push zu geben. Wenn wir keine kleine Siege feiern können, werden wir auch keine großen feiern … Du erinnerst dich, oder? Das gilt hier im doppelten Sinne: Feiern wir keine kleinen Siege, erringen wir auch keine großen. Zugleich meine ich damit auch, dass wir auch das Genießen und die Freude über die großen Siege lernen und üben müssen. Nicht so sehr die impulsive Freude, die ich beispielsweise direkt nach dem Sieg herausgebrüllt habe. Nein, ich meine die Freude, die schließlich zu Zufriedenheit und Balance führt, wenn etwas Zeit vergangen ist, wenn die Arenalichter längst erloschen und auch alle Interviews gegeben sind. Wenn wir dann die Freude tief in uns fühlen und die Zufriedenheit, dann feiern wir unseren Erfolg wirklich.

Siege zu genießen und sie auszukosten hat also extrem viel mit den Themen »innere Balance«, »Zufriedenheit« und »Erfolg« zu tun. Auch dafür ist das Umfeld wichtig. Wer schon einmal etwas richtig Tolles erreicht hat und feststellen musste, dass niemand da war, um den Erfolg mit ihm zu teilen, wer alleine feiern oder erkennen musste, dass die anderen um ihn herum ihm den Erfolg nicht gönnen, der weiß, welch ein Horror das ist. Manchmal sind wir nie so allein wie in der Stunde des Erfolgs. Wer dagegen Familie, Freunde und Kolleginnen hat, die wie im berühmten

Sprichwort die Freude teilen, der wird die Erfolge genießen. Deshalb mein Rat: Gestalte dein Umfeld nicht nur mit Blick auf die Zeit vor der Aufgabe, sondern gerade auch für die Zeit danach. Das ist mindestens genauso wichtig.

Ein anderes gutes Mittel, um Erfolge wirklich genießen zu können, besteht darin, diese Erfolge richtig einzuordnen. Auch hier lohnt sich der Blick zurück: Wo stand ich vorher, was war mein Traum, wie habe ich ihn erreicht, und was habe ich erreicht? Nichts ist so falsch wie das Motto »Schau niemals zurück«. Wir haben gesehen, dass uns gerade das Sich-Umdrehen und Zurückschauen neue Energie für den Aufstieg geben kann. Genauso ist es beim Abstieg: Nimm dir doch die Zeit und schau zurück zum Gipfel. Da oben warst du! Mach ruhig eine Pause, schau dir den Gipfel an, atme durch und genieße das Gefühl, oben gewesen zu sein und jetzt wieder runterzukommen. Denn niemand kann immer nur ganz oben sein. Und wer nur oben sein will, muss aufpassen, dass er die scheinbar kleinen Dinge nicht verkennt. Das ist oft nicht nur der erste Schritt zu Getriebenheit, sondern auch zu Misserfolg. Ein Mensch, der auf den ersten Blick alles erreicht hat, was er sich erträumt hatte, der aber am Ziel kein Glück und keine Freude empfindet, der hat einen Misserfolg erlitten. Einen Misserfolg im Erfolg.

Ein Beispiel: Nachdem ich Weltmeister geworden war, spürte ich, dass die Deutsche Meisterschaft für mich eher eine Pflichtveranstaltung war. Ich musste dort hin und den Titel verteidigen, das erwarteten alle von mir, schließlich verliert ein Weltmeister nicht. Für meine Gegner dagegen war der Titel möglicherweise das große Ziel, das er für mich einmal gewesen war. Und sie konnten ihn sogar gegen einen Weltmeister erringen, was manchen eine Extraportion Motivation und Power verlieh. Irgendwann erkannte ich, wie falsch meine Einstellung war. Zu welchen Gipfeln hatte mich der Traum, einmal Deutscher Meister zu sein, geführt? Ich begann, achtsamer für Titel zu werden, für das Siegen allgemein. Natürlich ist mir das nicht immer gelungen. Doch ich versuchte, mich an einen Spruch zu halten, den ich einmal an einer Hallenwand in einem Trainingslager in Colorado in den USA gelesen hatte: »Winning is not normal«. Das können wir auf alle Bereiche des Lebens übertragen: Wer gerade einen großen Deal abgeschlossen hat und für den alles darunter nur noch Dealchen sind, der wird möglicherweise darüber stolpern. Auf jeden Fall wird er weite Teile seiner Arbeit als nicht befriedigend empfinden, zumindest besteht dafür die große Gefahr. Wie sollen wir Qualität liefern, wenn wir selbst uns keine Quality-Time gönnen. Quality-Time führt zu Qualität, davon bin ich überzeugt.

Ich habe mir deshalb angewöhnt, in der Woche nach einem Erfolg zu feiern, egal welcher Erfolg es war. Keine große Party, aber ich will mir bewusst etwas gönnen. Als Sportler beispielsweise etwas mehr Entspannung, auch einmal ein Bierchen. Wir hatten das mit meinem Trainer so eingeführt, und es wurde ein wichtiges Ritual. Ich rate jedem, sich solche Rituale auszudenken und sie zu zelebrieren. Wie man so schön sagt: Feste sollte man feiern, wie sie fallen. Heute, nach einem gelungenen Auftritt oder dem

Abschluss eines Projekts, versuche ich das ebenfalls. Anders als noch als Sportler, aber mit dem gleichen Ziel. Ich mache mir damit instinktiv klar: Wenn wir verlieren, ist das doppelt bitter. Warum sollen wir uns dann nur halb freuen?

Schlüssel zu neuen Türen: Dankbarkeit und Vertrauen

Zum Genießen gehört für mich ein Aspekt, der für mich zentral im Leben ist: die Dankbarkeit. Ich habe ja erzählt, wie ich beispielsweise vor der Europameisterschaft in Rom am Strand meditierte und dabei meine Dankbarkeitsaffirmationen machte. Dankbarkeit ist nicht nur eine wunderbare Waffe gegen Stress, Druck und Aufregung. Dankbarkeit macht auch das Leben heller und voller. Sie hilft mir zu begreifen, was ich erreicht habe. Was ich wie erreicht habe und mit wem. Wie soll mein Umfeld bestehen bleiben, wenn ich mich nie mit den Menschen um mich herum freue und ihnen meine Dankbarkeit zeige? Dankbarkeit ist der Kleber zwischen uns. Ich glaube nicht, dass undankbare Menschen auf Dauer wirklich Freude verspüren. Sie mögen äußerlich erfolgreich sein, aber innerlich nicht. Sie sind – darauf komme ich gleich noch – vielleicht äußere Millionäre, aber keine inneren.

Gerade die Dankbarkeit hat mir nach meinem Karriereende geholfen, nicht in ein tiefes Loch zu fallen, sondern diese Zeit zu genießen und gleichzeitig an neue Aufgaben zu gehen. Ich machte mir immer wieder klar und formulierte das auch für mich, was ich für ein geiles Leben haben und führen durfte. Ich hatte die Welt bereist, ich hatte gefühlt tausend Kulturen kennengelernt und noch mehr spannende Menschen. Ich hatte wunderbare Teamkameraden gehabt und während meiner Karriere weltweit viele, viele Freunde gefunden, ich konnte mich immer auf den Support meiner Familie verlassen und bin auch noch gesund abgetreten. Wenn das kein Grund ist, zutiefst dankbar zu sein! Eine solche Dankbarkeit ist deshalb auch das beste Mittel gegen eine unbefriedigte Gier, die uns zu Getriebenen und Rastlosen macht. Sei dankbar und glücklich für das, was du hast, und nicht unglücklich über all das, was du nicht hast. Nur so können wir loslassen. Und loslassen ist nicht nur bei Rückschlägen wichtig, sondern gerade auch bei Erfolgen. Wer nicht loslässt, ist nicht locker. Und wer nicht locker ist, wird nie richtig genießen. Und: Wer nicht loslässt, kann auch nichts Neues anpacken. Denn er haftet noch immer an etwas, und wer an etwas haftet, der hängt an etwas, ist ab-hängig. Das gilt für positive wie negative Ereignisse aus der Vergangenheit. Man muss loslassen, um wirklich frei sein zu können.

Ein weiterer Faktor, den ich heute vor allem im Coaching häufig unterstreiche, ist das Vertrauen. Gerade bei erfolgreichen Menschen ist es erstaunlich, wie wenig Vertrauen sie in ihre eigenen Fähigkeiten haben. Warum eigentlich, es gibt doch gar keinen objektiven Grund dazu? Das Vertrauen in uns und unsere Fähigkeiten wächst, wenn wir die oben beschriebene Rückschau halten und uns darüber klarwerden, was wir wie erreicht haben. Aus diesem Vertrauen können wir eine Gelassenheit ziehen, die es uns erlaubt, die Erfolge zu feiern, kurz auszuruhen und durchzuschnaufen, und nicht sofort weiterzuhetzen. Wir wissen ja: Wir haben es drauf, und wir können auch den nächsten Gipfel bezwingen. Deshalb: Hab Vertrauen in deine Fähigkeiten und deinen Charakter. Bring das ein, was du hast. Und auch wenn du durchhängst, das klappt schon.

Was aber, wenn wir noch nichts erreicht haben? Erstens liegt das nicht selten an unserem Blickwinkel, wir vergessen den Kämpfer und den Gewinner in uns – wir wären sonst nicht hier auf dieser schönen Welt. Wir haben oft schon mehr erreicht, als wir glauben. Zweitens helfen uns die Zielvisualisierung und die Affirmation, Vertrauen zu bilden und zu haben. Ich war schon tausendmal Weltmeister, bevor ich es wurde. Aus dieser Visualisierung kann ich Vertrauen schöpfen, das habe ich oft erlebt. Und noch eine Überzeugung ist extrem wertvoll: Die Überzeugung, dass ein erfolgreicher Mensch einer ist, der sich geweigert hat, aufzugeben. Ein erfolgreicher Mensch muss nicht immer gewinnen. Er gibt nur nicht auf.

Dankbarkeit und Vertrauen sind auch die Schlüssel, die uns helfen, die nächsten Türen zu öffnen. Das ist ein bisschen wie bei den Big Points, über die wir gesprochen haben: Wenn's läuft und alles easy ist, dann kann jeder gut drauf sein und lächeln. Doch wer auch trainiert und kämpft, wenn es einmal nicht läuft, wer sich durchbeißt, der hat das Herz eines Champions. Mit dem Vertrauen und der Dankbarkeit ist das ähnlich: Die Kunst der Champions ist es – und sie steckt in uns allen, wir müssen sie nur entdecken und pflegen –, Vertrauen in uns, in andere und in das Leben zu haben, wenn Dinge nicht klappen. Wir müssen dankbar sein auch in den Momenten, in denen wir enttäuscht werden, in denen wir scheinbar scheitern.

Eine scheinbar banale Einsicht dabei: Kein Mensch der Welt kann alles erreichen. Charles Pepin hat in seinem Buch *Die Schönheit des Scheiterns*, das sich viel mit Sportlern, Künstlern, Forschern und Unternehmern beschäftigt, sehr treffend beschrieben, dass es gerade im Scheitern, aber auch im Siegen, wichtig ist, die eigenen Grenzen anzuerkennen. Wenn du scheiterst, bist du nicht als Person gescheitert. Wer verliert, ist deswegen noch kein Versager.

Nur wer sich aus der Gleichung »Verlieren = Versager sein« befreit, ist bereit, Risiken einzugehen. Um das Mögliche zu erreichen, musst du das Unmögliche versuchen, also Risiken eingehen. Wenn du etwas im Leben haben möchtest, das du noch nie zuvor hattest, dann musst du dafür auch etwas tun, das du zuvor noch nie getan hast. Zugleich solltest du realistische Ziele haben, realistisch bezogen auf dich selbst und niemand sonst sein, und vor allem: Du solltest ein Gefühl für deinen »Sättigungspunkt« haben. Nicht satt, im Sinne von faul und ambitionslos, im Gegenteil: satt in dem Sinne, dass du deinen Frieden findest, dass du aus dem gesellschaftlichen Hamsterrad des »Immer höher, immer weiter, immer schneller« ausbrichst. Andernfalls ist das der sicherste Weg, sich unglücklich zu machen. Wenn wir nicht verstehen und einsehen, dass wir Grenzen haben, machen wir uns grenzenlos kaputt.

Dazu gehört auch, seine Ziele zu verändern, seine Koordinaten neu zu stecken. Ich habe heute andere Ziele als früher: Ich will mehr Zeit mit den Kindern verbringen, zwei Stunden pro Tag mindestens. Morgens will ich ohne Schmerzen aufstehen, will meine Schulter bewegen, ohne dass sie wehtut, will fit und gesund sein, ohne auf Höchstleistung gedrillt zu werden. Früher wollte ich unbedingt Deutscher Meister, Europameister, Weltmeister werden. Doch zur Wahrheit gehört auch: Wir müssen nicht immer und überall Weltmeister werden, um glücklich zu sein.

In diesem Zusammenhang möchte ich noch einmal kurz auf den »inneren Millionär« eingehen, den ich oben schon angeteasert hatte. Das ist ein zentraler Begriff für mich und dafür, wie ich auf mich selbst, auf meine Familie und auf das Leben insgesamt sehe. Immer wieder bekomme ich zu hören, dass man mit dem Ringen doch nicht reich werden könne. Einmal abgesehen davon, dass ich mich damit nie abgefunden habe, antworte ich auf solche Statements, dass es mir viel wichtiger sei, »innerer Millionär« zu werden.

Dieses Bild scheint auch andere überzeugt zu haben, sogar Angela Merkel griff es beim Festakt zum zehnjährigen Bestehen des Deutschen Olympischen Sportbundes am 20. Mai 2016 in Frankfurt am Main auf, als sie in ihrer Rede sagte: »Einige Stars in populären Sportarten verdienen ausgezeichnet. Viele andere hingegen haben es dagegen deutlich schwerer, sportlichen Erfolg in finanzielle Sicherheit umzusetzen. Da braucht es andere Quellen der Motivation. Umso bemerkenswerter ist eine Einstellung, wie sie zum Beispiel der Ringer und amtierende Weltmeister Frank Stäbler zum Ausdruck brachte – ich möchte ihn zitieren: ›Mir war immer bewusst, dass ich mit Ringen nicht reich werde. Ich habe das Ziel, dass ich innerer Millionär werde.«< Der innere Millionär, so wie ich ihn meine, hat innere Werte und nicht nur materielle. Er hat auf sein inneres Konto eingezahlt, und die Währungen sind Dankbarkeit, Zufriedenheit und Glück. Der innere Millionär – und das habe ich selbst erfahren – muss kein äußerer armer Schlucker sein. Ich glaube, dass gerade die inneren Millionen zu äußeren führen können, das innere Wachsen zum äußeren Wachsen, der innere Erfolg zum äußeren Erfolg. Nur kommen die inneren Millionen vor den äußeren.

Beim inneren Millionär kommt für mich das zusammen, was uns die Balance halten lässt zwischen dem Aufstieg zum Gipfel und dem Abstieg danach, was uns den Antrieb gibt für unsere Traum-Achttausender: Als innerer Millionär bin ich zufrieden, aber nicht satt. Ich bin hungrig, aber nicht gierig. Ich kann dranbleiben und loslassen, Vollgas geben und durchschnaufen. Mich antreiben, ohne getrieben zu sein. Der innere Millionär kann nicht nur vorausschauen, sondern auch zurückschauen – und ist deshalb unaufhaltsam.

- Gestalte dein Umfeld nicht nur mit Blick auf die Zeit vor der Aufgabe, sondern gerade auch für die Zeit danach
- Winning is not normal
- Quality-Time führt zu Qualität
- Die Kunst eines Champions ist es, Vertrauen in sich, in andere und in das Leben zu haben, auch wenn Dinge nicht klappen

Ich wünsche dir, dass du dein Leben mit allen Herausforderungen, Rückschlägen, Triumphen, Momenten und Aufgaben genießen wirst, dass du es annehmen wirst und dich mit dir selbst und deinen Monstern verbündest. Ich wünsche dir, dass du anerkennst, dass das Leben einen Plan für dich bereithält – nimm ihn an; nimm alles an, was das Leben dir bietet, voller Liebe und Dankbarkeit, mit einem Lächeln im Gesicht und im Herzen. Dem Lächeln eines Champions – denn du bist unaufhaltsam!